ROBERTO PANZARANI

A viagem das idéias
Como abrir caminhos para uma governança inovadora

Com Massimiliano Cannata

Tradução:
Denise Rossato Agostinetti

Prefácio:
Domenico De Masi

Editor
Rosely Boschini
Assistente editorial
Rosângela Barbosa
Produção e diagramação
Marcelo S. Almeida
Capa
W-design
Preparação
Mirtes Leal
Revisão
Sylmara Beletti
Impressão e acabamento
Paulus Gráfica

Título original: *Il Viaggio Delle Idee*
Copyright © FrancoAngeli s.r.l., Viale Monza, 106-20127 Milano, Italia
Todos os direitos desta edição são reservados à Editora Gente.
Rua Pedro Soares de Almeida, 114
São Paulo, SP CEP 05029-030, telefone: (11) 3670-2500
Site: http://www.editoragente.com.br
E-mail: gente@editoragente.com.br

Dados Internacionais de Catalogação na Publicação (CIP)
(Câmara Brasileira do Livro, SP, Brasil)

Panzarani, Roberto
  A viagem das idéias : Como abrir caminhos para uma governança inovadora : com Massimiliano Cannata / Roberto Panzarani ; tradução Denise Rossato Agostinetti. — São Paulo : Editora Gente, 2006.

Título original: Il Viaggio Delle Idee.
Bibliografia.
ISBN 85-7312-470-9

1. Competição 2. Criatividade em negócios 3. Inovações tecnológicas 4. Panzarani, Roberto - Entrevistas 5. Produtividade industrial I. Cannata, Massimiliano. II. Título.

05-5566 CDD-338.064

Índices para catálogo sistemático:
1. Inovações tecnológicas : Economia 338.064

Agradecimentos

Quero agradecer a todos os amigos, administradores, empresários, jornalistas, professores universitários e, sobretudo, aos estudantes da Universidade, que me ajudaram, com suas perguntas e suas conversas, a alimentar a viagem das idéias.

Um agradecimento especial à doutora Paola Previdi, colaboradora da Cátedra de Processos de Inovação nas Organizações, que com seu conhecimento soube rever todo o manuscrito, sugerindo mudanças acertadas, além de novas interessantes reflexões. Agradeço-lhe também pela atenta contribuição à edição brasileira.

Estendo meus agradecimentos a Maurizio Morelli di Ticineto e di Popolo, também ele colaborador da Cátedra, por sua dedicação e disponibilidade na pesquisa dos dados estatísticos e econômicos relativos aos processos de inovação.

Um agradecimento especial a José Luiz Tejon que, com sua disponibilidade, sua atenção e seu carinho, fez este livro "viajar" da Itália ao Brasil.

Sumário

Prefácio	9
Introdução	15
1. Como nascem as idéias inovadoras	**19**
A criatividade como motor da mudança	25
Redes e linguagens no espaço da tecnópolis	36
2. A empresa abre-se ao terceiro milênio	**51**
A governança do fator humano	68
Organização empresarial e complexidade	85
3. Os países emergentes no horizonte global	**101**
Pesquisa e competitividade rumo a novos equilíbrios	115
4. A economia do intangível	**129**
Democracia, mercado e regras	151
Leituras recomendadas	167
Referências bibliográficas	172

Prefácio

Se eu fosse condenado à prisão perpétua e pudesse indicar meu companheiro de cela, não hesitaria em escolher Roberto Panzarani.

Roberto é um monstro no sentido literal do termo, pois nele confluem duas personalidades diametralmente opostas e irredutíveis entre si. De um lado, ele é uma pessoa suave, cortês, prudente, preguiçosa, inclinada a uma vida regrada, sem saltos de temperatura nem arranhões nos joelhos: o que geralmente se chama de "um cavalheiro". De outro lado, é um devorador onívoro de informações, um iconoclasta intolerante, um moralista inflexível, um formador naturalmente inclinado à inovação e à pedagogia, sem restrições ao carolismo, à conservação, ao compromisso.

Em Panzarani, portanto, coexistem duas velocidades: aquela fulminante da notícia em tempo real, que ele extrai por meio da ávida leitura dos livros assim que são publicados, dos jornais recém-impressos, do celular perpetuamente ligado à Ansa; e a da lentidão, por assim dizer, postulada pela reflexão filosófica, psicológica, sociológica, politológica em que as informações fragmentárias, descobertas nos meios de comunicação de massa, passam a compor-se num quadro coerente e racional como um paradigma.

Ainda não me sucedeu de ficar preso com Panzarani numa cela. Mas, no mínimo, várias vezes na semana passo algumas horas com ele, de preferência no almoço ou no jantar, para a alegria de constatar que, sobre a face da terra, ao menos uma pessoa pensa exatamente como eu: abraçaria as mesmas idéias, premiaria os mesmos amigos, amaria as mesmas mulheres, atiraria nas pernas dos mesmos inimigos.

Essa *Viagem das Idéias* é a demonstração daquilo que eu disse. Panzarani é muito preguiçoso para escrever um livro segundo a boa praxe, nem mesmo um livrinho sintético. No máximo, redige um prefácio ou um posfácio a livros alheios. Em casos extremos como este, deixa-se entrevistar, assim como Maquiavel, à beira da morte, "deixou-se confessar".

Para evitar o trabalho de formular *ex-novo* [novamente] as idéias que lhe vêm à mente, Panzarani espera pacientemente que, em alguma parte, algum autor as pense e, por sua vez, as escreva. Então, ele plana como um falcão sobre o livro assim que é publicado, suprime-lhe a frase que gostaria de ter escrito mas não teve paciência de escrever, para citá-la, sempre entre aspas, pois, como cavalheiro que é, nunca se adornaria de méritos alheios.

Em *A Viagem das Idéias* confluem, como num estuário, fragmentos incandescentes extraídos de gigantes como Borges, Braudel, Einstein, Weber ou Hegel; frases significativas emprestadas de meios-termos como Chatwin, Kuhn, Toffler ou Touraine; resíduos recuperados na ressaca da ínfima literatura empresarial americana. Ao passarem pela mente de Panzarani, esses materiais acabam por alcançar uma íntima coerência, gerando algo completamente novo, que não coincide com a soma das partes, mas a ultrapassa, dando-nos uma mais-valia que somente um monstro como Panzarani poderia produzir.

O público a que Panzarani diz referir-se seria composto principalmente de seus alunos universitários, mas duvido que um jovem recém-saído dos nossos liceus possa seguir Panzarani ao longo de seu tortuoso itinerário nos lugares da inovação. Na verdade, Panzarani dirige-se aos *managers*, na convicção (talvez quase na esperança) de que nenhum deles possa entendê-lo e segui-lo.

O que diz Panzarani aos *managers*? Em síntese, lhes assegura que estão perdidos e que apenas uma mínima parte ainda pode se salvar. Não importa se é uma empresa pública ou privada, um ministério ou um centro de direção, se são os Estados Unidos, a Itália ou o Japão. Se forem *managers*, funcionários, profissionais, dirigentes, seja como for, estão duplamente perdidos: quando estão na empresa, porque se alienam; e quando estão fora dela, porque não sabem o que fazer de si mesmos.

Os *managers* vivem diariamente, dez horas por dia, numa instituição total, que manipula e suga sua inteligência, seus afetos, suas opiniões.

Não são mais eles que pensam, é a empresa que pensa neles. Não são mais eles que amam, é a empresa que ama neles. Seus ritmos, suas preocupações, suas visões, não são suas: são ritmos, preocupações, visões da empresa que os nutre e os despoja.

Aquela mesma organização empresarial que por duzentos anos foi um motor da vida econômica e civil, agora falha em todos os campos. É na empresa que hoje, em nome da paridade, persiste a discriminação máxima entre homem e mulher. É na empresa que, em nome do homem certo no lugar certo, manipula-se todo critério de meritocracia.

É na empresa que, em nome da eficiência, celebram-se os desperdícios mais descarados: de tempo, de dinheiro, de inteligência.

É na empresa que, em nome da racionalidade, impõem-se as escolhas mais perturbadoras. É na empresa que, em nome da criatividade, multiplicam-se os procedimentos e os ritos burocráticos. É na empresa que, em nome da ética profissional, mortificam-se os mais fracos, justificam-se os meios com os fins, frauda-se o Fisco e pagam-se propinas. É na empresa que, em nome da participação, celebra-se o autoritarismo. É na empresa que, em nome do lucro privado, desfrutam-se as fraquezas públicas. É na empresa que, em nome da praticidade, mortifica-se o gosto estético sob uma avalanche de fórmica, de um tom cinzento hospitalar e de alimentos pré-cozidos.

Panzarani sabe muito bem que a empresa não é sempre e apenas isso. Sabe perfeitamente que é também sobrevivência, salário, sensação de ser *in*, sociabilidade, confronto, erotismo, espírito de competição, carreira. Mas a que preço? Com que neuroses? Com que renúncias? Todas as organizações – quer produzam bens, serviços ou informações – são filhas da velha empresa manufatureira, que por duzentos anos administrou massas de operários semianalfabetos, submetidos a tarefas repetitivas e desumanas. Agora, a empresa para a qual os *managers* trabalham pretende administrar da mesma forma os analfabetos, os diplomados e os licenciados, como se estivessem igualmente submetidos por homologação a uma imensa linha de montagem burocrática.

Por duzentos anos a empresa manufatureira aperfeiçoou sadicamente a arte do controle sobre tudo: entradas, saídas, despesas, emoções, sentimentos, convicções, comportamentos, ritmos e biorritmos.

Agora, a empresa para a qual os *managers* trabalham também pretende administrar, com os mesmos critérios da caserna, a criatividade deles, seu empenho, seu espírito empreendedor, que por sua vez requerem motivação e vitalidade.

Por duzentos anos a empresa manufatureira aposentou os sexagenários, pois essa era a expectativa de vida dos trabalhadores. Hoje, que a expectativa de vida vai até os oitenta anos, aquela mesma empresa que fingia considerar indispensáveis os próprios funcionários, cinicamente os aposenta antecipadamente condenando-os, assim, a trinta anos de inutilidade vazia.

Aos *managers*, Panzarani grita em voz baixa: por duzentos anos a empresa manufatureira utilizou quase toda a força física de seus funcionários e quase nada do cérebro deles. Agora, a empresa para a qual vocês trabalham frustra sistematicamente suas qualidades. Cada um de vocês seria capaz – hoje mesmo – de fazer as mesmas coisas que seu chefe faz, mas é obrigado a considerá-lo "superior".

Enquanto ainda é tempo, e enquanto vocês ainda são capazes, apressem-se em reorganizar seu trabalho. Reorganizem suas vidas. Deixem de se considerar eternos. Não negligenciem seu crescimento interior, seus afetos, suas vocações em nome de uma carreira que, seja como for, terminará abaixo do nível que vocês astuciosamente planejaram. Deixem de investir seus escassos esforços em dez horas de permanência no escritório, apenas para fazer companhia aos seus chefes.

Quando terminarem o que tiverem de fazer, vão embora. Deixem de chegar tarde e cansados em suas casas, para passar do domínio de seus superiores ao domínio de sua tela de televisão. Desfrutem suas noites, que podem proporcionar-lhes esperanças muito mais luminosas do que os seus dias sem sentido. Não se deixem abater um a um, sem um gemido, por uma carta de aposentadoria antecipada. Deixem de imitar seus presidentes e comecem definitivamente a imitar seus operários. Façam, no início do século XXI, o que eles já fizeram no início do século XX: *managers* do mundo todo, uni-vos!

Isso, em síntese, o suave e furioso Panzarani diz suave e furiosamente a seus leitores *managers*, na tentativa de difundir na empresa o *esprit de finesse* [espírito de gentileza] experimentado dentro da universidade e de difundir na universidade o *esprit de géométrie* [espírito de geometria] experimentado dentro da empresa.

Pois Panzarani é o igual e o contrário de Proudhon.

Segundo Marx, Pierre-Joseph Proudhon, ao se fazer passar por filósofo na Alemanha e por economista na França, conseguiu ficar famoso em ambos os campos, apesar de não ser nem um nem outro. Também Panzarani opera em dois campos – a empresa e a universidade – sendo um *manager* a serviço da universidade e, ao mesmo tempo, um intelectual que trabalha na empresa. Mas, diferentemente de Proudhon, Panzarani merece em ambos os lugares toda a estima que o acompanha. Juntamente com a nossa amizade e com a nossa admiração.

Domenico De Masi
Sociólogo e escritor italiano

Introdução

Este livro é a abertura de uma discussão. Ele é nômade em sua estrutura intelectual, e espero que também o seja na estrutura física. O destino de um livro é, efetivamente, o de "viajar"; se não viaja, significa que ninguém o lê. Foi um livro nômade também na sua elaboração. De fato, devo agradecer a Massimiliano Cannata, que me acompanhou a vários lugares, ora fisicamente, ora em conexão pela internet, para poder dar corpo às reflexões encontradas nestas páginas.

São as reflexões de quem é, por definição, um empresário a serviço da Universidade e um intelectual que trabalha em empresa — uma característica, minha e de tantos outros, que confere as vantagens desses dois pontos de observação, mas também, obviamente, os limites de quem não consegue aprofundar, como gostaria, todos os temas que considera importantes e dedicar o devido tempo às coisas.

Mas, na falta de outras escolhas, espero que os conteúdos, aqui expressos, possam ser úteis para quem atua hoje no mundo do trabalho.

O livro fala de inovação — assunto discutido por muitos hoje na Itália — espero que não com demasiado atraso. O ponto de vista não é predominantemente o da inovação tecnológica, mas o da *forma mentis** para a inovação.

O que leva uma pessoa ou uma nação a "pensar grande" ou a "pensar pequeno"? Ou, usando uma metáfora do cérebro, que percursos, que sinapses neuroniais, levam a ver as coisas de uma forma e não de outra? Essa é a razão pela qual este livro abrange vários autores aparentemente distantes entre si, mas todos com uma determinante: nos seus diversos campos de ação, da literatura à ciência, da arte ao gerenciamento, eles sempre pensaram de forma inovadora.

É um livro que procura ter uma perspectiva o mais internacional possível, mas que se detém bastante na Itália, país que atualmente é considerado muito "velho", sobretudo mentalmente.

Minhas reflexões, assim como as dos autores abordados aqui, nascem da literatura, mas principalmente do privilégio de ter trabalhado e de ainda trabalhar com dezenas de especialistas internacionais, que há anos convido para dar palestras em várias empresas italianas, na tentativa de tirá-las do "provincianismo" persistente em que vivem, às vezes sem ter culpa. Isso me proporcionou um angustiante convívio com os atrasos

---

* Conjunto de conceitos que determina uma mentalidade preconcebida que orienta a ação, o comportamento. (N.E.)

INTRODUÇÃO

do nosso sistema, mas também pude entrar em contato com uma grande comunidade de italianos "inovadores", que eram sempre convidados para esses eventos internacionais.

Parafraseando Hillman, poderíamos dizer que este é também um livro sobre "lugares da inovação", se questionarmos a essência, como outros fizeram e estão tentando fazer, de quais seriam as estruturas físicas, os ambientes e os recursos intangíveis que favoreçam a inovação ou a enfraqueçam.

É um livro incompleto e dele espero — espero porque essa é também uma característica minha — que sirva de alimento às discussões entre as pessoas, dando lugar a iniciativas que favoreçam concretamente uma abordagem cada vez mais inovadora dos problemas.

Por fim, é um livro dedicado aos meus alunos, para que continuem as reflexões e criem uma "viagem das idéias 2, 3, 4 etc." que, ao contrário das fábulas, não nos façam dormir jamais.

Roberto Panzarani

Uma manhã acordei cego.
O olho esquerdo recuperou a visão no mesmo dia, mas o direito continuou inerte e ofuscado. O oculista que me examinou disse que não era nada de orgânico, e diagnosticou a natureza do distúrbio.
Olhou os quadros muito de perto, disse.
Por que não os substitui por vastos horizontes?

Bruce Chatwin (1940-1989), explorador e escritor britânico

Viajar é útil, dá asas à imaginação.
Todo o resto é apenas desilusão e cansaço.
Esta nossa viagem é totalmente imaginária.
Aí está a sua força.
Vai da vida à morte. Homens, animais, cidades e coisas, tudo é inventado.
É um romance, nada além de uma história fictícia.
Quem o diz é Littré, que nunca se engana.
Mas todos podem fazer o mesmo.
Basta fechar os olhos e se está do outro lado da vida.

Louis Ferdinand Céline (1894-1961), escritor francês

O destino é um desejo, não um querer objetivo.
Encontramos as coisas que nos concernem seguindo o declive profundo e muitas vezes desconhecido da natureza.

Milan Kundera (1929), escritor tcheco

Capítulo 1

Como nascem as idéias inovadoras

Professor Panzarani, para delimitar o âmbito da nossa análise, começarei por pedir-lhe uma definição. O que se entende por inovação?

Creio que não exista uma definição unívoca, como demonstram as várias tipologias de inovação, sobre as quais me deterei mais adiante. Começarei com uma explicação de natureza terminológica. Se falarmos de inovação tecnológica no sentido mais rigoroso do termo, então teremos de nos referir aos Estados Unidos, país em que a possibilidade de se fazer pesquisa pura e de atrair investimentos tecnológicos é tradicionalmente forte, por razões econômicas e estruturais. Mas quando falamos de inovação, como no caso do tão discutido *made in Italy*[*], abre-se

---

[*] O *made in Italy* é um fenômeno que abrange diversos setores e atividades econômicas do "Sistema Itália", indo dos mais variados bens industriais até os produtos típicos da agricultura e do turismo e que asseguram para o país uma boa posição no comércio exterior mundial dos produtos manufaturados. A Itália desenvolveu um modelo de desenvolvimento do *made in Italy* que vem fazendo com que a balança comercial do país seja positiva desde 1993, embora esse modelo ainda não tenha decolado em todo o país. (N.E.)

um cenário diferente, povoado não tanto por grandes defesas de caráter tecnológico, e mais por recursos e mananciais de criatividade que sempre caracterizaram o nosso tecido produtivo. Para responder à pergunta de forma mais completa, é preciso fazer um esclarecimento: no mundo todo se fala muito de inovação, a partir de perspectivas diversas, mas a verdadeira dificuldade está em praticá-la, em realizá-la, em transmutá-la numa dimensão efetiva, em traduzi-la numa estrutura, numa forma de pensamento que tenha efeitos concretamente observáveis e mensuráveis.

Vamos tentar nos manter numa perspectiva global. Após a euforia da new economy [nova economia], que caracterizou o início do terceiro milênio, abriu-se caminho para uma perspectiva diferente, e com as primeiras dificuldades surgiu um certo ceticismo. Diante de uma tendência que se tornou negativa, inovar não é ainda mais difícil?

Creio que o senhor esteja se referindo ao clima negativo que se seguiu à "bolha especulativa"*. A esse respeito, deve-se fazer uma reflexão mais geral. O efeito que mais atingiu a opinião pública e o sistema das mídias foi certamente a especula-

---

*   O autor refere-se ao fenômeno ocorrido nos anos 1990, quando a excessiva confiança dos investidores no setor das novas tecnologias contribuiu para o desenvolvimento de uma bolha especulativa nos mercados de capitais que financiou a rápida expansão das empresas da "nova economia". Foi um cenário em que houve lucros enormes, possibilitados pela queda de salários e de impostos sobre as companhias e pela globalização. Essa bolha rebentou no início dos anos 2000, com a queda das cotações dessas empresas. (N.E.)

ção financeira. Com a ocorrência dos grandes *cracks* — basta pensar no caso Enron e no naufrágio da Parmalat — o índice de atenção voltou-se para a alta taxa de elementos relacionados à delinqüência, sempre presentes quando se está diante de um desenvolvimento econômico selvagem. Trata-se de um fenômeno que já existia no "protocapitalismo", por exemplo, quando os garimpeiros de Klondike[*] agiam sem escrúpulos, ignorando qualquer regra. Citei o caso Enron porque creio que, no moderno cenário da *new economy*, talvez tenha tido um significado emblemático: uma empresa presente no grande horizonte da competição global pode tornar-se também um modelo negativo, com conseqüências não só no plano da imagem, mas em fatores de natureza estrutural. Hoje estamos na economia da internet, uma economia cuja velocidade, imaterialidade e interconexão são ingredientes substanciais. O computador é indiscutivelmente o instrumento símbolo do novo capitalismo, é um objeto leve, mas "pesado" pelo potencial de serviços e de relações que consegue alimentar. Para além do escândalo financeiro, que suscitou grande comoção, seguida de uma atitude cética e pessimista, a evolução da ICT (Information Communication Technology — Tecnologia da Informação e da Comunicação) continua o seu caminho. Globalização, tecnologia e incerteza são fatores que condicionam e condicionarão o cenário econômico da União Européia, diante

---

[*] O autor refere-se à famosa corrida do ouro, ocorrida no final do século XIX, em Klondike, Alaska. (N.E.)

do qual acredito que deverá impor-se, de forma incisiva, uma visão mais atenta, mais perspicaz e diria até mais equilibrada do desenvolvimento e da delicada relação que liga inovação e competitividade.

Partindo dessas premissas, que políticas poderão favorecer o desenvolvimento da inovação?

Se observarmos o andamento da economia mundial em 2004 e no primeiro semestre de 2005, perceberemos que em algumas áreas, dentre elas a Europa em primeiro lugar, o motor do desenvolvimento girou muito lentamente. Estou de acordo com a análise do americano Stephen Roach, um dos economistas mais renomados mundialmente, segundo a qual o Velho Continente está perdendo o trem da tecnologia e, portanto, também o do desenvolvimento. A América, a Índia, a China e o Brasil têm, neste momento, ritmos de crescimento nitidamente superiores. Há um vazio a ser preenchido, que revelou o lado mais contraditório da globalização. A Europa viu-se em meio ao trecho raso de um rio; os Estados Unidos de um lado e os países emergentes de outro, por motivos diferentes, drenaram recursos, reduziram nossa competitividade e atraíram os melhores "cérebros", empobrecendo a nossa "bacia fluvial" de inteligências e de competências. O Velho Continente precisa reagir, tendo em mente que a prioridade número um que nos é imposta pela globalização e pelo progresso tecnológico chama-se inovação. Acelerar o processo de unificação institucional, até realizar uma verdadeira unidade política, é o primeiro passo a partir do qual pode originar-se um projeto válido para o futuro e sobretudo um programa coerente de reformas econômicas e sociais que possam contribuir para uma reformulação total. É preciso criar métodos contra o risco do declínio, investindo em setores estratégicos, que vão da pesquisa de base às altas tecnologias, do aumento da capacidade das infraestruturas à formação do capital humano, à reorganização do crédito. Em resumo, a Europa deve abrir-se para crescer, e não se esconder atrás de tentações perigosas, muito em voga neste momento, de um "neoprotecionismo" anacrônico e liberticida. Provavelmente, Alain Touraine[1] tenha razão ao considerar que "A Europa Ocidental demorou a entender que hoje a produção mais importante é o conhecimento". Creio que seja útil concentrar-se em uma política de *retention* [retenção] dos nossos "cérebros", para praticá-la primeiro em nível nacional e depois em nível europeu.

O que mais impressiona na perspectiva traçada pelo senhor é o processo de aproximação, quando não de simbiose, que na infosociety *[sociedade da informação] unirá o homem e a máquina. Estamos preparados para isso?*

Não há nada de perturbador nisso, quando se considera que a presença da inovação não é uma característica apenas da era dos computadores. A história do homem, desde os seus primórdios, desenvolveu-se em torno desse conceito difícil e delicado. Da in-

---

1 TOURAINE, A. *Libertà, Ugualianza, Diversità*. Milano: Il Saggiatore, 2002.

venção da roda ao advento do motor a explosão, da utilização dos caracteres móveis ao opressivo trabalho nas fábricas, determinado pelo advento da linha de montagem que marca o início da era industrial, a inovação tecnológica foi motor de progresso e, até mesmo, geradora de autênticas revoluções científicas e epistemológicas. O pensamento inovador, ainda que em algumas épocas tenha permanecido oculto, implícito e, portanto, difícil de ser individuado, agiu na história acelerando fatos, eventos e processos. A inovação tecnológica pressupõe uma cultura, um pensamento, um modelo de vida, um paradigma. Se tentarmos fazer uma viagem ao Silicon Valley [Vale do Silício], a Seattle, a San Francisco ou a San José, ficaremos impressionados com a quantidade de *software houses* [empresas que produzem *software*] que dominam o território. Parece que estamos em outro mundo. Centenas de empresas trabalham, integrando-se. É um testemunho ulterior do fato de que, na realidade americana, a inovação tecnológica é o *drive* [impulso] de tudo, faz parte da cultura difundida, entrou no tecido social. No passado, os grandes "saltos da inovação" eram feitos por indivíduos, pelos Leonardos, pelos Galileus. Se olharmos para trás, é fácil atribuir o nome de uma pessoa a uma invenção: Volta, Edison, Curie.[*] Tudo o que foi descoberto no passado está atribuído a um nome, que aprendemos a identificar nos ban-

---

[*] Alessandro Volta (1745-1827), físico italiano, inventou a pilha elétrica em 1800; Marie Curie (1867-1934), cientista polaca, descobriu o rádio em 1899, junto ao marido, Pierre Curie; Thomas Alva Edison (1847-1931), norte-americano, foi um grande inventor, em cujo portfolio figura a invenção da lâmpada elétrica, em 1879. (N.E.)

cos da escola. Hoje, ao contrário, a maior parte das descobertas e das invenções é fruto de um intenso trabalho de equipe.

Quando se descobre algo, é a inovação como processo que se atualiza no interior da sociedade, envolvendo mais atores, estruturas, protagonistas. Não podemos atribuir a um único nome a descoberta do genoma. Com efeito, há hoje no mundo grupos contrapostos que disputam o primado na pesquisa. Por isso, tendemos a lembrar mais o objeto da invenção do que os nomes. A descoberta precisa de inter-relação, de interdisciplinaridade.

A criatividade como motor da mudança

Portanto, o que predomina é não tanto o indivíduo, mas a lógica de equipe, o time, o grupo, que pode se tornar protagonista de uma descoberta, de uma invenção, de uma mudança de marcha?

Hoje se trabalha na lógica dos projetos. Muitos estudiosos — como exemplo, basta citar o sociólogo italiano Domenico De Masi[2] — evidenciaram muito bem esse aspecto, observando o comportamento e as lógicas que animam os grupos criativos que, ao contrário do que a lógica corrente faz supor, não vivem no fascínio indefinível da anarquia, mas movem-se

---

2   DE MASI, D. *La Fantasia e la Concretezza. Creatività Individuale e di Gruppo.* Milano: Rizzoli, 2003.

no âmbito de regras precisas. Afinidades diversas se interligam, espírito e culturas com origem etnogeográficas distantes e linguagens com códigos dessemelhantes se confrontam na ágora telemática representada pela rede. Essa transformação dos "lugares" do confronto fez ruir cada *turris ebúrnea* ["torre de marfim"], fazendo com que o pensamento inovador, ao atravessar mais mentes, pudesse estabelecer uma corrente criativa, alimentada pelo circuito intangível da "inteligência coletiva" e pela potência explosiva da conectividade. O filósofo e escritor francês Pierre Levy[3] e o crítico teatral canadense Derrick De Kerckhove[4] sublinharam as conseqüências cruciais que se originam da possibilidade de colocar a inteligência em rede, fenômeno que experimentamos de forma banal quando iniciamos uma discussão num *chat*; uma comparação que nos faz mergulhar, às vezes inconscientemente, em uma *koiné*[*] sem limites. A própria idéia da rede é coerente com o conceito de "inteligência coletiva" de Levy. Não podemos, efetivamente, compreender as dinâmicas que geram a inovação sem levar em conta que o sucesso de uma idéia, de uma intuição, de uma descoberta se constrói hoje com base numa complexidade de papéis, de profissionalismos, de disciplinas e de competências.

---

3   Lévy, P. *L'Intelligenza Collettiva. Per uma Antropologia del Cyberspazio*. Milano: Feltrinelli, 2002.
4   De Kerckhove, D. *Architetura dell'Intelligenza*. Torino: Testo & Immagine, 2001.
*   Em português, coiné, língua comum a vários povos e lugares. (N.E.)

COMO NASCEM AS IDÉIAS INOVADORAS

É correto dizer que algumas inovações determinaram uma "ruptura de paradigma" no curso da história?

Quando falamos de "ruptura de paradigma", não podemos deixar de mencionar o célebre livro do físico americano Thomas Kuhn, *La Struttura delle Rivoluzioni Scientifiche*[5] [A Estrutura das Revoluções Científicas], que considero uma referência fundamental pelo fato de nos ter ensinado que a inovação não é algo que visa a si mesma, não é um circuito fechado que continua dentro de um laboratório ou que causa impacto no círculo restrito dos que estão envolvidos nos trabalhos, mas é um fenômeno que toca a dinâmica social, as idéias, o modo de pensar, de viver, de se relacionar. Na minha opinião, infelizmente, existem poucos livros como o de Kuhn. De fato, quase não há reflexão a respeito daquilo que as inovações (e não podemos nos esquecer de que elas foram muitas nos últimos vinte anos) determinam nas relações sociais, o que faz com que os produtos resultantes dos processos inovadores não sejam administrados com maturidade. Não devemos esperar uma reflexão por parte dos tecnólogos, pois não lhes cabe desenvolvê-la. O pesquisador descobre o DNA, a molécula, constrói um *chip* novo, mas continua a ser um especialista em relação à sua disciplina. O problema, e é nisso que devemos insistir, é a utilização das descobertas, seu impacto sobre as pessoas, sobre o dia-a-dia. Cito um exemplo, ainda que

---

5   Torino: Einaudi, 1969.

banal: se me preocupo em dar a todos um computador pessoal (PC) e um celular, mas tenho na minha empresa uma estrutura produtiva ainda de tipo fordista, corro o risco de perder meu encontro com a evolução tecnológica, pois não estou em sintonia com o tempo. Se quiser ser um empresário de sucesso, preciso esforçar-me para seguir com coerência todas as possibilidades que a inovação me dá, caso contrário não estou diante de um progresso efetivo, mas apenas de uma ilusão de ótica.

O senhor quer romper as barreiras dos preconceitos, quer conjugar evolução com elegância. Mas não acha que é algo difícil de realizar?

É algo difícil, mas não impossível. Candeal Pequeno, a minúscula comunidade espremida entre os arranha-céus no coração de Salvador, na Bahia, que por muito tempo teve a fama de favela degradada e suja, é um exemplo para todo o Brasil: uma história com final feliz que passa pela música, pelo orgulho da afrodescendência e pelo carisma de um de seus idealizadores.

Pracatum, a escola fundada em 1999 pelo cantor Carlinhos Brown para transformar a vocação musical inata de sua gente em oportunidade profissional para as novas gerações, já descobriu talentos entre os jovens alunos, e alguns deles gravaram com Marisa Monte e com Daniela Mercury ou partiram em turnê para a Europa acompanhando Caetano Veloso.

Uma aposta vencedora a de Carlinhos Brown e dos seus colaboradores da Escola Profissionalizante de Músicos Pracatum, que fica exatamente no coração desse bairro transbordante de criatividade e de imaginação; energia que precisava apenas ser captada para que não se dispersasse ou acabasse desviada para a criminalidade e para a miséria.

Parece que Carlinhos criou um laboratório de sonhos.

E de fato o criou. Reconhecido como cantor e produtor, mas sobretudo como ativista cultural, Carlinhos idealizou o movimento musical Timbalada e colaborou como compositor com diversos artistas brasileiros de fama internacional.

Pracatum é a academia de música que todos gostariam de freqüentar. Oferece acesso gratuito, reservado aos mais merecedores, quatro anos de cursos subdivididos em dois ciclos para jovens de 14 a 18 anos, vinte horas semanais, incluindo aulas em grupo para aprender a ler, a escrever e a compor música, e profissionais que ensinam a tocar instrumentos harmônicos, melódicos e de percussão. A idéia básica é apenas uma: despertar a alma que já se espalhou por esse canto do mundo e que se reflete no gênero da Timbalada.

A escola não faz senão aprofundar o que os jovens aprendem sozinhos na rua e visa aperfeiçoar seus talentos e inseri-los no mercado musical, em que, por vezes, ingressam antes mesmo de completar os cursos.

A idéia de uma escola de música para as crianças das favelas faz parte de um projeto de educação mais amplo, ligado ao conceito de "retribalização" inventado por Carlinhos. O objetivo é o desenvolvimento cultural do bairro, que começou com a iniciativa de sanear e pintar todas as casas, e de usar a música para promover, nas novas gerações, o sentimento de vínculo à pequena comunidade. Um projeto que, no ano passado, recebeu das Nações Unidas o certificado Best Practice.

A escola tenta criar nos alunos o senso de responsabilidade social: não basta transformá-los em excelentes músicos; eles precisam desenvolver uma consciência crítica, é uma questão de cidadania. Os professores são preparados para tratar de temas relacionados ao homem, como o racismo. Faz parte do sistema pedagógico da Pracatum. O propósito é formar músicos-cidadãos que tenham a sensibilidade e a capacidade de se reconhecer e se identificar com a própria comunidade.

"Velocidade, Interconexão e Imaterialidade são as três dimensões convergentes da nova economia, que estão revolucionando os parâmetros de referência, os aspectos e os limites do **business** *e de toda organização"*.[6] *São termos que, na opinião de muitos estudiosos, subentendem uma filosofia, um pensamento, uma visão de mundo: a* **information society.** *O que significa, concretamente, esse rótulo?*

O que me vem à mente num primeiro momento é a palavra conexão, que traz consigo, como significado implícito, a derrocada de toda uma elaboração filosófica e epistemológica. De fato, o conceito de pesquisa científica mudou profundamente na

---

6   DAVIS, S.; MEYER, C. *Blur.* Milano: Olivares, 1999.

dimensão da rede. "Economia do conhecimento" significa, essencialmente, uma mudança de paradigma, de ótica, de método. Até poucos anos atrás, para aprofundar um assunto qualquer, nosso primeiro passo seria uma visita à biblioteca. Eram necessários anos para construir um roteiro de estudo, um percurso, uma hipótese de trabalho. Hoje a velocidade é o primeiro traço, o primeiro atributo do conhecimento, porque mudou o modo de adquirir conhecimentos e, portanto, de conceber a ciência.

Na era da internet, o saber assume uma forma fluida, reticular, móvel, aberta. Essa concepção se reflete nos comportamentos e nas maneiras de ser dos indivíduos. De que modo a evolução dos aparelhos ICT pode influenciar o desenvolvimento do contexto socioeconômico?

A distância que existe entre as enormes possibilidades que a *information communication technology* [tecnologia da informação e da comunicação] nos dá e aquilo que somos efetivamente capazes de utilizar é um aspecto que deve nos levar à reflexão. Por um lado, podemos usar o modelo da rede de modo amplo e consciente; por outro, percebemos algumas carências de sistema que não permitem um desfrute total, completo e sobretudo equilibrado dessa enorme riqueza.

Vamos dar alguns exemplos para tornar o caminho da argumentação mais claro. Em Bangladesh, a presença dos celulares está mudando o mundo da economia rural e dos vilarejos. Se, ao menos por um momento, procurarmos nos manter distantes dos discursos éticos, não há como negar que estamos diante de uma oportunidade excepcional de desenvolvimento.

A China é considerada um dos mercados mais interessantes, com ritmos de crescimento impressionantes. Há um aumento de 10 milhões ao mês no uso de celulares. Isso significa, para dizer o mínimo, uma reviravolta na forma como se dá a comunicação. Sendo assim, sua pergunta deve ser respondida sob uma ótica global, uma vez que a inovação precisa ser medida nos vários contextos do mundo, caso se pretenda focalizar o reflexo que as transformações exercem sobre mentalidades, costumes e hábitos, que se tornam fatores determinantes para compreender as perspectivas da *infosociety*.

Estamos assistindo a um poderoso crescimento da era tecnológica. Quais são os sinais da mudança capazes de nos levar às raízes profundas daquela "revolução digital" que deu uma face original a esse início de milênio?

Conforme sustenta o economista americano Jeremy Rifkin, nossa era é a do acesso. O mundo é menor, a globalização das idéias, da comunicação, não apenas física, não é uma miragem, mas um fenômeno que é preciso perceber. Viemos ao mundo com a idéia dos perímetros, dos recintos, do território, que desde recém-nascidos já tendemos a circunscrever. A rede permite ir além, nos dá a potencialidade, o impulso para ultrapassar o recinto. Observamos isso na prática cotidiana. Poucos países colocam obstáculos à internet. A própria sociedade iraniana, em meio a tantas outras realidades do mundo islâmico, está mudando sua atitude no tocante à inovação. O movimento da paz*, feito por milhões de pessoas, nasceu e se desenvolveu até atingir proporções inimagináveis, graças a um instrumento chamado internet. Não é exagerado afirmar que a instância política tem a dimensão, a cor e a semelhança da rede. Cem milhões de pessoas se reuniram via e-mail para dizer não à guerra e aos massacres, que em muitos lugares do mundo continuam a se repetir. Isso significa um poder muitíssimo forte no plano das decisões e das escolhas, e significará ainda mais quando houver maior consciência a respeito. Esse raciocínio é válido também se formos além das dinâmicas da guerra, uma vez que esse fenômeno atinge as manifestações da sociedade no seu conjunto.

Hoje há boas notícias para brasileiros e "brasilófilos" que matam a saudade do Brasil acompanhando os programas da sua principal tevê: os altíssimos custos com que tem de arcar o assinante da Globo Internacional — a emissora que difunde o sinal da TV Globo no mundo — logo serão reduzidos pela metade. E a imagem das transmissões será acessível a todos.

Exatamente. A Globo está se despedindo da plataforma espanhola Hispasat, que até hoje repetiu o seu sinal, e agora passa a se servir de uma mais familiar, a Hotbird.

---

* Movimento iniciado após a I Guerra Mundial que redundou na criação da Liga das Nações e na Organização para a Cooperação Internacional, precursora da Unesco. (N.E.)

A vantagem consistirá na utilização, pelo usuário, de um único aparelho e uma única antena (os assinantes da Sky TV ou de outras tevês satélites já os possuem), sem precisar fazer novas instalações. É um detalhe destinado a incidir de modo significativo nos custos, que se reduzirão dos atuais 900, 1000 euros para cerca de 350, 400 euros, ou seja, menos da metade do preço. Com inclusão da assinatura, naturalmente, cujo preço deve se manter.

A mudança de rota da Globo deu-se devido ao número irrelevante de assinaturas que a emissora conseguiu vender na Europa, levando-se em conta o tamanho da comunidade brasileira no continente: os dados oficiais falam em cinco mil assinaturas em dois anos (com um certo predomínio na Inglaterra e na Itália), mas suspeita-se que o número seja ainda inferior. Na verdade, a campanha comercial da Globo nos dois primeiros anos foi desastrosa: custos elevados, decodificadores defeituosos que tinham de ser enviados a Portugal para os reparos e necessidade de instalação de uma antena apropriada para captar um sinal que, muitas vezes, revelava-se instável.

Do Rio de Janeiro, sede principal da TV Globo, as diretivas são extremamente claras: para superar o impasse da falta de penetração na Europa, é preciso reduzir os custos pela metade. E, tendo em vista que o preço da assinatura já está embutido nos padrões comerciais, resta fazer alterações nos custos técnicos, deixar de lado a infrutífera parceria com a tevê portuguesa e evitar envolvimento em outras situações que possam criar futuros obstáculos para a difusão do sinal na Europa.

Após dois anos de vacas magras por parte dos operadores, existe, afinal, um certo otimismo sobre a iminente decolagem da Globo *low-cost* [barata] na Itália: um otimismo justificado pelo fato de que, assim como não há brasileiros insensíveis a uma cerveja bem gelada, por certo existem famílias brasileiras dispostas a algum sacrifício, desde que economicamente sustentável, para não perder a lendária novela das oito.

Portanto, não se pode negar que tudo está em transformação. Não corremos o risco de ficar "afogados" num fluxo comunicativo invasivo, despersonalizante e massificante?

Certamente que sim. De fato, esse risco dá origem ao apelo contínuo dos ntelectuais e dos homens de governo mais sensíveis para que se faça uma análise, que deve ser pontual, atenta, rigorosa. O apelo que administradores e políticos ouvem nos dias atuais é essencialmente esse. É como se, de repente, os intelectuais tivessem deixado de desempenhar seu papel de incitação, de estímulo. Volto por um momento à realidade do meu país, a Itália. Precisamos de intelectuais italianos como Pasolini, Moravia, Sciascia, Bobbio[*], mas é inútil procurá-los, pois essa safra acabou, no meu entender.

---

[*] Píer Paolo Pasolini (1922-1975) foi cineasta e escritor; Alberto Moravia (1907-1990) foi um dos grandes escritores do século XX; Leonardo Sciascia (1921-1989), romancista, trabalhou ativamente contra o fascismo; Norberto Bobbio (1909-2004) tornou-se, nos últimos anos, o pensador italiano mais famoso do mundo. (N.E.)

No entanto, alguns dizem que ainda existem intelectuais de calibre, que manifestam seu interesse e seu empenho. Talvez seja a força do pensamento deles que se expressa de maneira diferente. Na verdade, o problema assume uma outra face: que idéia nova somos capazes de lançar, de propor, de sustentar?

É importante a abordagem, que do ponto de vista metodológico pode dar forma à nossa reflexão sobre as idéias "inovadoras": é preciso estudar os fenômenos da ciência e da economia, não para se fazer paralisar pela abstração das fórmulas matemáticas, mas para procurar entender de que modo a evolução dessas disciplinas poderá mudar a nossa vida, o nosso presente e, sobretudo, o nosso futuro.

Redes e linguagens no espaço da tecnópolis

Da terra ao satélite, do átomo ao bit, *do real ao virtual, estamos numa economia essencialmente baseada na troca de capital imaterial, fundada no futuro, em leis do acaso, na instabilidade. Os usuários são hoje projetados na dimensão da aldeia global, caracterizada pelo fenômeno da convergência de telefonia/internet/tevê. Quais as possíveis conseqüências?*

Hoje nos encontramos num cenário de *information overload* [sobrecarga de informações]. Cada um de nós é bombardeado por um excesso de estímulos informativos que não somos capazes de processar. Na época da tecnologia analógica, em que recebíamos uma menor quantidade de informações, tínhamos condições de analisá-las. Atualmente não é mais assim. Essa nova realidade dá lugar a um fenômeno: o aumento vertiginoso da responsabilidade individual.

Graças aos recursos e instrumentos de que dispomos, temos hoje a possibilidade de "construir" nossa grade de programação da comunicação, o que só aumenta a nossa responsabilidade. Com o advento da tecnologia digital, o mundo da televisão tornou-se um universo ativo, em que a interação entre o usuário e o apresentador, entre o jornalista e aquele que desfruta do programa será cada vez mais forte e característica. Falo de televisão por ser o meio que sintetiza as extraordinárias perspectivas que se abrem com a comunicação integrada: computador, tevê a cabo e via satélite, UMTS [Universal Mobile Telecommunications — Sistema Universal de Telecomunicações Móveis]. Sendo assim, torna-se interessante entender os critérios de seleção que movem os comportamentos. Mas esse reino da liberdade ainda não está maduro. Eu definiria a fase que estamos vivendo como um "reino da possibilidade", que está demasiadamente vinculado aos altos custos e a uma efetiva carência de infra-estrutura. Quando tivermos à disposição meios mais *user friendly* (instrumentos na medida do usuário), então realmente irá se abrir um cenário em que os "clientes", como gosto de chamá-los, agirão com mais responsabilidade e consciência.

No contexto da infosociety, *que âmbitos de responsabilidade se abrem para as organizações produtivas?*

A *infosociety* é uma realidade ativa, em transformação, em que investir na cultura significará cada vez mais gerar valor e, o que é mais interessante, melhorar os desempenhos empresariais. Os maiores teóricos da pós-modernidade, de Krishan Kumar[7] a Alvin Toffler,[8] de Daniel Bell[9] a John Naisbitt,[10] afirmam claramente que, na história, primeiro nasce a cultura, os negócios vêm depois, assim como os mercados e as trocas comerciais.

Estudos recentes demonstraram que é particularmente importante instaurar uma dinâmica de confiança entre a empresa e a comunidade. Sendo assim, é necessário desenvolver a *Corporate Social Responsability* [Responsabilidade Social Corporativa] (CSR), para que a empresa tenha chance de ser bem-sucedida. Em contrapartida, se houver a tendência a transformar qualquer forma de comunicação em mercadoria e a alienação das dinâmicas profundas que animam o progresso, pode-se erguer uma barreira insuperável, construída por aquele tipo de ignorância que nunca permite instaurar uma autêntica relação de troca com os outros.

---

7   KUMAR, K. *Le Nuove Teorie del Mondo Contemporaneo. Dalla Società Post-industriale alla Società Post-moderna.* Torino: Einaudi, 2000.
8   TOFFLER, A. *L'Azienda Flessibile.* Milano: Sperling & Kupfer, 1990.
9   BELL, D. *The Cultural Contradictions of Capitalism.* New York: Harper Collins Publishers, 1996.
10 NAISBITT, J. *Il Paradosso Globale. Più Cresce l'Economia Mondiale, Più i Piccoli Diventano Protagonisti.* Milano: Franco Angeli, 1996.

Capital relacional, capital humano, capital organizativo: estamos adequadamente preparados para fazer com que essas três dimensões do "intangível" possam constituir um recurso estratégico para a empresa que se abre ao terceiro milênio?

Vivemos na economia do conhecimento, é um fato consumado e já sustentado por grande parte da literatura científica. Em síntese, isso significa que atribuímos um valor muito alto à parte "imaterial" da realidade, que, todavia, é a parte mais profunda. Nisso, há uma semelhança surpreendente e uma aproximação com a especulação clássica — penso em filósofos como Aristóteles, Platão, Hegel. Se tentarmos traduzir o que estamos dizendo para a linguagem da informática, teremos de afirmar que o *software* é mais importante que o *hardware*. Não podemos negligenciar esse dado técnico se quisermos responder à pergunta de forma mais completa. A bagagem de informação de que dispomos muitas vezes ultrapassa a bagagem técnica e estrutural, não apenas quanto ao peso científico, mas ao valor geral. Na economia do conhecimento o *human capital*, o valor intelectual das pessoas, é um fator crítico de sucesso. As pequenas empresas (mesmo aquelas que tiveram menos sorte e faliram) que nasceram na *new economy* confirmam essa visão. Avaliações diferentes devem ser feitas para as grandes organizações, que usaram o *human capital* sobretudo como slogan, enquanto mantinham a viscosidade insolúvel de seus mecanismos burocráticos, diminuindo assim a valorização do intangível, como veremos melhor mais adiante. Felizmente, essa lógica está mudando. Eis um dado estatístico definitivo: os dez primeiros colocados que saem da Universidade de Harvard têm como única aspiração trabalhar por conta própria. No passado, as grandes organizações (Motorola, General Motors, Fiat, IBM) eram o grande laboratório da inovação, das novas idéias, por razões de natureza tecnológica, científica e econômica. Hoje, graças ao fenômeno da *personal communication* [comunicação pessoal], a inovação é um fenômeno difuso, que pode nascer na sociedade. Não por acaso o modelo hoje citado por muitas escolas empresariais é o do "atomic corporation",[11] que significa: vamos tentar organizar as grandes empresas como se fossem várias pequenas unidades, de modo a assegurar dignidade ao capital humano, que foi reprimido e sufocado pelos mecanismos da burocracia.

As novas técnicas da comunicação digital permitem compartilhar inteligências, isto é, permitem criar uma espécie de **koiné** *fundada em saberes, conhecimentos e experiências diversas. Os instrumentos da Sociedade da Informação podem mudar a nossa relação com o conhecimento?*

Hoje se trabalha muito para projetos interligados. Um elemento importante que eu gostaria que fosse tratado na nossa conversa é representado pela gestão empresarial da rede.

---

11 CAMRASS, R.; FARNCOMBE, M., *The Atomic Corporation*. Roma: Fazi Editore, 2002.

A rede é um fator integrante, não de mecanismos áridos, mas de pessoas que estabelecem contatos ocasionais. Se levarmos isso em consideração, é fácil compreender que a própria dinâmica formativa deve ser feita de eventos de comunicação, enriquecidos com todos aqueles componentes que constituem o capital relacional. *A rede é um "turbilhão" do capital relacional*, que cada um tem a oportunidade de potencializar. Deve haver, portanto, uma dimensão emocional, que não pode ser imposta e que se torna complementar em relação às exigências científicas e cognitivas. Prolifera o fenômeno dos fóruns, dos debates e dos momentos de confronto na *web*, que freqüentemente têm uma vida muito curta, dissipando-se. Por que isso acontece? É evidente que as potencialidades da rede não são devidamente exploradas. Para isso, faz-se necessária, mais uma vez, uma gestão cautelosa, que leve em consideração a parte emocional-passional que alimenta uma troca de informação com finalidades diversas.

A intensidade da *network* [rede] é a unidade de medida para que se compreenda a solidez do circuito cognoscível que é ativado na lógica da rede e das *new media* [novos meios de comunicação] quando se instaura a conexão. O indivíduo pode desenvolver *capacidades de conhecimento*, contanto que as conexões que consiga estabelecer com outros níveis não sejam estéreis, caso contrário perde-se todo o sal, a dimensão emocional afetiva. Quem gere as operações que fazem da rede um mundo variado e cativante deve levar tudo isso em conta.

"A economia pode entrelaçar-se com os paradigmas da biologia, não é mais a ciência do equilíbrio, tornou-se o campo de pertinência dos processos de feedbacks *positivos. Isso não deve deter a nossa reflexão, o nosso desejo de entender o mundo que nos circunda."*
A consideração do especialista em microeconomia Hal Varian[12] esclarece que não é apenas a relação individual que devemos mudar com o conhecimento, mas todo o aparato epistemológico da modernidade. Com quais conseqüências?

O senhor se referiu ao estudo de Varian. Gostaria de mencionar uma outra passagem que pode ser útil para esclarecer o salto epistemológico e de categorias que caracteriza a pós-modernidade: "Atribuo uma grande importância às inovações combinatórias. No século XIX, nos Estados Unidos, nascem os dispositivos mecânicos que, ao serem integrados, criam novas realidades. Nasce, assim, a sociedade industrial. Com o início do século XX, segue-se a descoberta do motor a explosão, destinado a transformar profundamente não apenas os sistemas produtivos, mas também os tempos e os ritmos de desenvolvimento da sociedade. Em 1960 chegam os circuitos integrados; em 1995, a internet, e a revolução continua em períodos de tempo cada vez mais curtos". Enquanto a inovação combinatória demandou tempo, na sociedade complexa a dimensão temporal se contrai, as transformações são ligadas às atualizações do *software*, dos protocolos, das linguagens de

---

12 VARIAN, H. R. *Analisi Microeconomica*. Venezia: Libreria Editrice Cafoscarina, 2003.

rede. Acho muito eficaz a escansão de Hal Varian quando acrescenta um entrave à reflexão: a economia das redes também existia há um século. São as implicações econômicas da internet que têm um alcance realmente revolucionário.

A inovação tecnológica tem algo a ver com o espaço e o tempo?

Espaço e tempo não são conceitos que podem ser tratados separadamente. Com a *relatividade* do físico alemão Albert Einstein,[13] são reconhecíveis como fatores que se entrelaçam, implicando mais universos disciplinares e argumentativos. Estamos numa época de desestruturação espaço-temporal. O futurólogo americano Alvin Toffler, em *La Terza Ondata*[14] [publicado pela Record, em 2001, com o título *A Terceira Onda*], já havia falado amplamente a respeito. Tudo se tornou muito veloz e isso é o fundamental: a velocidade de conexão aumentou extraordinariamente, mas a conexão, conforme dissemos, é uma das condições, uma "forma *a priori*" — para usar ainda que de modo impróprio um termo kantiano — que torna possível o aumento do conhecimento na sociedade das redes.

---

13 EINSTEIN, A. *Il Significato della Relatività*. Torino: Newton & Compton, 1997.
14 TOFFLER, A. Bologna: Il Mulino, 1995.

Mas quando se fala em desestruturação do espaço e do tempo, referindo-se à potência da comunicação digital, o que isso significa?

Significa, provavelmente, que antes a sociedade era regulada por uma série de ritmos muito precisos e sempre iguais. Padronização e sincronização são termos que lembram o famoso filme de Chaplin, *Tempos Modernos*. A estrutura industrial nascia nas "cidades-fábricas" Arese, Detroit (a lista obviamente poderia continuar), onde se erigiam os lugares e os símbolos da modernidade. Hoje, essas realidades não existem, e o drama consiste no fato de que ainda não surgiu uma nova visão. Apesar disso, começa-se a vislumbrar alguns exemplos interessantes. Refiro-me a Paris, onde alguns bairros industriais tornaram-se laboratórios de pesquisa *hi-tech*. É uma maneira diferente de utilizar o espaço, já transformado em um "espaço de rede". As categorias do conhecimento modificam-se e, ao mesmo tempo, mudam os critérios de utilização de um espaço que não tem limites, que não tem (como diria o francês Bertrand Badie,[15] professor de ciências políticas) recintos, limitações. Não encontramos mais estabelecimentos e edificações, mas computadores e celulares, simbolizando a virada caracterizada pelo advento da economia baseada no conhecimento. Sendo assim, o espaço transmuta-se em uma "forma reticular", instável, na qual reina a possibilidade, a instabilidade, a força criadora do caos.

---

15 BADIE, B. *La Fine dei Territori. Saggio Sul Disordine Internazionale e Sulla Utilità Sociale del Rispetto*. Trieste: Asterios, 1996.

Vamos analisar também o outro grande "recipiente" do conhecimento: o tempo. Tempo desestruturado significa que não existe mais uma nítida separação entre tempo livre e tempo de trabalho. É uma afirmação sem qualquer comprovação, mas a tendência é clara. Estamos diante de um "encrave", uma era diversa, dentro de um contexto que tem o perfil da sociedade pós-tecnológica. Definido o universo das diferenças, temos agora de nos deparar com as transformações de caráter estrutural, que nos permitem trabalhar em qualquer momento do dia, sem condicionamentos. Esse último aspecto tem um impacto muito forte na temática relacionada à gestão dos recursos humanos, mesmo que a esse respeito a reflexão ainda não esteja madura. Em muitas realidades, afirmou-se essa transformação, que diz respeito não só às categorias do espaço e do tempo, como também à cultura do trabalho. Para melhor compreender o fenômeno, o Ocidente deveria confrontar-se com realidades da América Latina, do Oriente e do continente africano. Ter a possibilidade de trabalhar em casa, no bar, já é uma perspectiva concreta nos países mais desenvolvidos, em contextos em que é possível elaborar e compartilhar um documento com os colegas que trabalham do outro lado do mundo, sem sair de casa. Esse é o fenômeno das organizações *bordelles,* ou seja, das organizações sem limites. Trata-se de oportunidades excepcionais, cujo alcance ainda não entendemos profundamente, que poderiam nos ajudar a lançar por terra a *digital divide* [fronteira digital].

Portanto, espaço e tempo se modificam, tornando-se espelho da mudança da sociedade?

Rômulo, o fundador de Roma, "desenha" a cidade, ou seja, traça um percurso geográfico dentro do qual começa a grande história de uma civilização e de um império universal. O homem nasce num recinto, depois se descobre num âmbito mais amplo: é essa a cidade.

O que aconteceu com a revolução digital? As coordenadas, que por convenção chamamos "newtonianas", não existem mais, modificaram-se. Graças às ligações telemáticas com todas as bolsas, um empresário pode ser competitivo 24 horas por dia, conseguindo entender o que acontece em Tóquio, enquanto está em Roma. Se não quisermos usar o termo "competição", poderemos usar algo mais brando: comunicação. A comunicação também pode estabelecer-se no contato, na cooperação, naquilo que se define como *coopetition*.* É importante ter a consciência de que o tempo do nosso rendimento já se dilatou. Essa dinâmica representa o grande "reino das

---

* Ao conceito de *coopetition*, subjaz a idéia de que num mercado de âmbito mundial existe a possibilidade de lucros para todos os participantes. Desta forma, se todos os vendedores adotarem ações de cooperação (criando mercados, estabelecendo protocolos e parcerias, ouvindo os clientes, trabalhando com fornecedores) os lucros potenciais dessas medidas podem ser superiores àqueles que resultariam se os consumidores fossem obrigados a escolher um dos lados. A competição pura teria como conseqüência a diluição dos lucros, aniquilando, inclusive, alguns dos competidores. (N.E.)

possibilidades não utilizadas", não realizadas. Vamos imaginar o que pode significar a introdução da ICT na escola: os estudantes podem finalmente interagir de suas casas, o fantasma das ausências, que pendia sobre suas cabeças, não existe mais. Trabalhar fora dos esquemas já está ao alcance de todos. O grande cenário da formação à distância insere-se num contexto que superou a concepção newtoniana do espaço físico. Os exemplos mais interessantes chegam dos países escandinavos, da Austrália, para demonstrar que aquilo que estamos dizendo não é uma aula de filosofia teorética, é simplesmente o resultado da observação do amadurecimento progressivo de novas vertentes do *business*, que evoluem em relação à face que a sociedade das redes está assumindo.

Nessa primeira fase da nossa conversa, não podemos negligenciar um aspecto que diz respeito à relação, cada vez mais forte e delicada, que subsiste entre o desenvolvimento das novas tecnologias e o aumento do conhecimento. Qual a sua opinião a respeito?

O aumento do conhecimento e do progresso social dos povos é uma tarefa da ética, que deve pressupor um modelo de *razão flexível* capaz de opor-se a toda forma de dogmatismo e de clausura apriorística. Ética e inovação são outro ponto de discussão do qual não podemos nos furtar. Ouvi a entrevista de um escritor iraquiano, muito interessante. Dizia que aquilo de que se sentiu realmente necessidade na primeira fase pósbélica de 1991 foi justamente a cultura. O embargo, suportado pelas populações nos últimos dez anos, além de agravar o estado de miséria material, criou uma geração analfabeta. Reagir a um modelo dominante nessas condições é impossível. Efetivamente, as pessoas não sabem, não têm conhecimento. Uma nação como o Iraque demonstrou possuir uma vontade positiva de recuperação e de reconstrução moral e material, mas se vê diante de um vazio enorme: uma geração inteira que não sabe ler nem escrever. Por ora, está enfrentando um outro tipo de emergência, que é essa segunda guerra, mas em breve surgirão outros nós a serem desatados.

Retorno à questão ética, como nó crucial. Trata-se de um aspecto que ligarei ao que foi sustentado anteriormente e que, em termos técnicos, se traduz em: *accountability*, responsabilidade das pessoas, algo que, como vimos, é de importância capital na sociedade das redes. Com efeito, quanto mais aumenta a capacidade tecnológica, maior é a "necessidade ética". A possibilidade de se provocar um dano, de causar um mal, sempre existiu, mas no passado ela era muito limitada. Cada indivíduo possui a memória e a capacidade infinitas que a potência da informática coloca a sua disposição. Sem igual capacidade de orientar eticamente os comportamentos, os direitos universais acabariam fatalmente violados. Concentrar a atenção na ética poderia, além disso, permitir aos chefes de estado e de governo realizar um progresso humano e social de dimensões reais. Do contrário, o risco maior que corremos é o de nos encontrarmos diante de uma grande evolução tecnológica imersa num contexto de "política medieval". Einstein dizia: "Faremos a terceira guerra mundial com a bomba atômica e a quarta com a clava". Isso que significa que uma fase de forte crescimento tecnológico, como a que estamos vivendo, também pode evoluir para uma sociedade estéril e até perigosa, se esse crescimento não for acompanhado de um impulso ético adequado.

Aperte os cintos. O avião está aterrissando. Voar é o contrário da viagem: você atravessa uma descontinuidade do espaço, desaparece no vazio, aceita não estar em lugar nenhum por um intervalo de tempo, que também é uma espécie de vazio no tempo; depois, reaparece num lugar e num momento sem relação com o onde e com o quando em que havia desaparecido. No entanto, o que você faz? Como ocupa essa sua ausência no mundo e a ausência do mundo em você? Lê; não tira os olhos do livro, de um aeroporto a outro, pois além da página há o vazio, o anonimato das escalas aéreas, do útero metálico que o contém e o nutre, da loucura passageira sempre diferente e sempre igual. Tanto faz manter-se nessa abstração de percurso, preenchida por meio da uniformidade anônima dos caracteres tipográficos: também aqui está o poder da evocação dos nomes para persuadi-lo de que está sobrevoando algo, e não o nada. Você percebe que precisa de uma boa dose de inconsciência para confiar-se a mecanismos inseguros, guiados por meio de aproximação; ou talvez isso prove uma incessante tendência à passividade, à regressão, à dependência infantil. (Mas você está refletindo sobre a viagem aérea ou sobre a leitura?)
O aparelho está aterrissando: você não conseguiu terminar o romance Sobre o Tapete de Folhas Iluminadas pela Lua, *de Takakumi Ikoka...*

Italo Calvino (1923-1985), *escritor italiano*

Capítulo 2

A empresa abre-se ao terceiro milênio

No primeiro capítulo, procuramos entender como nascem as idéias inovadoras. Vamos agora tentar entrar na realidade concreta da empresa. Por onde podemos começar?

A inovação tecnológica, que considero uma espécie, uma forma particular de inovação, hoje é vista indiscutivelmente como um fator que habilita a empresa, um componente necessário não apenas para sobreviver às regras econômicas que dominam os mercados internacionais, mas também para garantir os níveis de qualidade de vida exigidos pela complexidade do sistema social em que estamos imersos.

As idéias, enquanto tais, não servem para gerar uma vantagem competitiva, não são efetivamente patenteáveis. O que se pode patentear são as soluções inovadoras, porque fazem a diferença, são aquele *quid* em relação ao competidor. As idéias, mesmo as mais brilhantes, devem apoiar-se em bases sólidas, pois, sozinhas, são "formas vazias", elucubrações estéreis. A inovação que interessa para a nossa perspectiva é aquela capaz de gerar soluções válidas na ótica empresarial, ou seja, úteis para melhorar os padrões organizativos, produtivos, em resumo, para potencializar a cadeia do valor.

A inovação pode ser um difusor da criatividade, que é uma condição necessária, mas não suficiente para gerar uma solução inovadora. A criatividade é o combustível de que se alimenta um ambiente inovador. No contexto da *net economy* [economia da rede], a inovação é um processo que acontece no interior da sociedade, que envolve mais estruturas, mais atores, mais protagonistas.

Mas de que modo a inovação muda o perfil da empresa?

Do meu ponto de vista, a empresa foi, durante anos, o "catalisador" dos processos de formação e de inovação. Por essa razão, foi o campo de batalha, o âmbito no qual, predominantemente, todos se moviam. Houve um movimento de "abrir os portões" da empresa para outros mundos: o jornalismo, a cultura acadêmica, a pesquisa, a fim de criar uma osmose fértil de idéias, de criatividade, de propostas. Creio que a empresa do futuro deve ser construída com base na "governança da inovação" em termos reais, concretos, pautada em uma nova dimensão, a do mundo futuro. Estamos habituados a pensar a empresa em grandes dimensões. Pensamos na Motorola, na Fiat, mas não concebemos uma empresa que hoje pode se constituir de duas pessoas apenas. Há um tipo difuso de empresa (vamos imaginar os distritos italianos do nordeste*) com o qual temos de nos defrontar, temos de aprender a nos medir, mas, sobretudo, começar a compreender. Se usarmos a definição clássica, podemos dizer que empresa é uma estrutura que produz lucro. Mas antigamente era muito difícil ocupar-se com a inovação, pois não era um imperativo ligado à possibilidade de sobrevivência.

A fábrica da Volkswagen na Anchieta, em São Bernardo do Campo, inaugurada em 1957, foi o primeiro estabelecimento automobilístico do Brasil. Depois de atravessar altos e baixos, hoje o grupo alemão está apostando nessa fábrica: linhas de montagem de vanguarda trabalham dia e noite. Há poucos anos, previa-se o fechamento da fábrica. Agora, ao contrário, a música está mudando: para adaptar as linhas de montagem à fabricação de novos modelos, foram investidos 100 milhões de dólares no final do ano passado.

Isso representa apenas uma pequena parte dos novos projetos lançados no último ano pelos diferentes grupos estrangeiros nessa região, agora que o setor automobilístico voltou a se aquecer na esteira de uma exportação que, em 2004, cresceu 48% em relação ao ano anterior.

São Bernardo, no coração do ABC, o vasto conglomerado industrial às portas de São Paulo, renasce.

---

* Nesses distritos, a existência de relações construtivas entre empresas, sindicatos e entidades locais é bastante antiga, anterior ao surgimento de projetos cujo objetivo seja é estimular esse tipo de relação. (N.E.)

No último ano e meio foram criados em São Bernardo 17 mil novos postos de trabalho: sete mil vieram do setor mecânico e metalúrgico, em que o carro tem um papel fundamental.

Além da Volkswagem, também incrementaram suas instalações a Scania, a Toyota e, sobretudo, a Daimler-Benz, ao passo que a Ford está se preparando para fazer o mesmo.

Sem contar que esses aumentos da produção repercutem positivamente nos fornecedores, principalmente de componentes, e em 80% das 1.500 empresas da cidade, que são pequenas e médias, fruto do espírito empreendedor das grandes correntes migratórias que vieram da Itália, do Japão e dos países árabes. Isso faz com que a taxa de desemprego diminua, é claro.

Um operário da indústria automobilística leva todos os meses para casa R$ 2.600,00 líquidos, o equivalente a mil dólares (embora para os funcionários das pequenas empresas fornecedoras essa renda caia para R$ 800,00). Uma pequena burguesia em expansão. Talvez tenha passado despercebido que mil dólares em São Bernardo permitem a esses operários uma vida provavelmente mais cômoda do que a de muitos dos seus colegas europeus.

A percepção que temos hoje mudou. Os empresários que trabalham num projeto têm consciência da realidade em que se movem, que está impregnada, em sentido negativo, pela turbulência e, em sentido positivo, pela velocidade das mudanças. Um contexto dessa natureza os estimula a atualizar-se continuamente, em resumo, a sintonizar-se com o futuro. Disso decorre que a exigência de antecipar, de ir adiante, é mais que nunca ditada pela necessidade de sobreviver, de olhar além. Para um homem de negócios, tudo isso significa competir com chances de sucesso.

A empresa está se transformando para se tornar sujeito-objeto da inovação. Eu diria mais: para transmudar-se em um "lugar" destinado a desenvolver inovações. Muitos autores — Peter Drucker à frente — falam até da necessidade de se oficializar um duplo balanço: o primeiro destinado à gestão ordinária da empresa; o segundo, à inovação. Gerir apenas o ordinário significa, efetivamente, morrer, não ter perspectiva.

Não há inovação suficiente para pôr em crise o modo tradicional de conceber a empresa?

A "conectividade invisível" é o paradigma dominante do novo milênio. A dimensão da *web* levará a uma reviravolta da vida privada e do mundo dos negócios numa ótica que verá a empresa tornar-se uma "rede de valor", como sustenta o autor inglês Edward Burman, no interessante ensaio *Internet Nuovo Leviatano*[1] [Internet, o Novo Leviatã]. Um trabalho em que são individuados os pressupostos para uma "revolução cultural" radical da empresa. Para melhor compreender esse conceito, volto a me referir a um aspecto que eu havia desenvolvido no início: garantir o "acesso" aos indivíduos significa promover um novo modelo de gestão dos recursos humanos, adotar uma

---

1 Milano: Etas, 2002.

cultura diversa. Não devemos esquecer que o impulso rumo à inovação depara-se com ambientes de grande subdesenvolvimento, típicos de algumas estruturas empresariais. A crise que se seguiu à queda das bolsas fez pesar a balança em direção à tradição. Voltou-se a falar de dinâmicas hierárquico-funcionais dentro da empresa, provavelmente como uma reação a fatos contingentes que não estão destinados a durar por um longo prazo. Independentemente dessas contradições, é preciso esclarecer que a economia da rede é um fato estrutural, razão pela qual haverá necessidade de estruturas organizativas adequadas para manter os ritmos de uma evolução que sempre dará mais espaço e importância aos *recursos intangíveis*.

A inovação não é apenas difícil de definir, é também difícil de entender e de reconhecer em seus efeitos. A crise passada das empresas ponto com é um exemplo que demonstra a incapacidade de "ver todas as cores do espectro", de entender os fenômenos. Como é possível preparar-se diante do imprevisível?

Entender o alcance de uma solução inovadora é um desafio dentro do desafio. Se me perguntassem em qual inovação devemos fixar a atenção para entender o paradigma em ação, se no telefone móvel, na internet ou na banda larga, eu não teria nenhuma dificuldade em responder: provavelmente na interconexão desses elementos. A UMTS não é outra coisa a não ser isso: imagens e palavras unidas por uma sintaxe lingüística em contínua evolução.

Em um único instrumento está sintetizada a face do *homus novus*, esse homem tecnológico que deve possuir a linguagem e o espírito da civilização do terceiro milênio, sem renegar milênios de história, de cultura e de conquistas. A sociedade do futuro terá as conotações de um todo construído por uma trama densa de competências, profissionalismos, diversidades étnico-antropológicas e experiências. Será uma sociedade não mais dominada pela segregação, pela lógica da fronteira, em que nada será compreensível se estiver dissociado do contexto.

A consciência do devir histórico adquire-se com a cultura. As empresas podem trabalhar nesse sentido, desenvolvendo uma política coerente, baseada numa *brand responsability* [marca de responsabilidade] adequada e orientada para criar um tecido receptivo à oferta, dirigindo-se a um consumidor capaz de decodificar o valor do produto, indo além dos simples parâmetros econômicos. Somente assim será possível ler o presente, entender os fenômenos, desenvolvendo estratégias adequadas.

Foi preciso uma geração para assistir a uma revolução científica em toda a sua extensão. Bastaram de cinco a oito anos para assistir à explosão da sociedade digital. Os períodos de tempo se reduziram, com que conseqüências?

Se falarmos de revolução, teremos de nos referir ao conceito de paradigma. A profundidade das transformações em curso não diz respeito apenas ao mundo dos negócios. Será que estamos prontos para enfrentar a grande mudança? É isso que devemos realmente nos perguntar. A tecnologia da ICT nos levará em direção a um percurso evolutivo, em que o impacto das tecnologias nas instituições, na sociedade e na política será cada vez mais forte. Fenômenos como a *mobile internet* [internet móvel], que têm implicações no sistema das redes e também nos fluxos da comunicação global, o desenvolvimento de instrumentos cada vez mais sofisticados que podem melhorar a produtividade, simplificando o sistema de relações que liga empresas e *stakeholders* [grupos de interesse], são fatores que se mostrarão diante dos nossos olhos com uma rapidez extraordinária, obrigando empresários e políticos a respostas imediatas e concretas.

A sociedade mudou profundamente, estamos todos empenhados em um esforço tanto de adequação quanto de compreensão ativa da mudança. Estamos nos habituando a utilizações diversas das tecnologias, utilizações essas que manifestam um grau de evolução que não é uniforme. O celular transformou o universo da comunicação. Posso utilizá-lo de maneira discreta, ou perturbar quem está próximo a mim nas situações mais díspares. O progresso se faz a partir de uma multiplicidade de elementos, e não apenas da potência tecnológica.

Passo agora para a segunda questão subjacente à pergunta, que diz respeito ao contexto em que a ciência se desenvolve. Quando falamos de progresso, de evolução, de inovação, não devemos nos esquecer do papel da sociedade e dos governos que, em alguns casos, enfraqueceram os processos de evolução tecnológica, preocupados com outras emergências e exigências — antes de qualquer coisa, penso na questão do emprego. Nem sempre a sociedade segue rumo ao progresso, a uma condição melhor. Esse é um incrível paradoxo que precisa ser verificado. Com efeito, passou-se da evolução linear e progressiva de um modo de viver para uma visão profundamente cíclica, em que os resultados atingidos não são mais seguros, sobretudo não são úteis para projetar um futuro melhor. Por isso, considero que hoje é preciso formar as pessoas para a vida, não só e não tanto para o trabalho, que é tão mutável, tão diversificado. Enfrentar a transformação requer capacidades críticas e preparação adequada.

Transformar a adversidade em oportunidade. O senhor acha isso possível na nossa sociedade atual?

Não só é possível, mas é também o único caminho a percorrer.

Zé Luiz é o idealizador da Dream Model, a escola para modelos em que quarenta jovens da maior favela do mundo, no Rio de Janeiro, aprendem a conhecer as roupas e, por intermédio delas, a encontrar um caminho alternativo à miséria. Alguns de seus estudantes chegaram a fazer carreira na Europa e também nos Estados Unidos. Afro-brasileiro, 35 anos, Zé Luiz é umbandista: para ele tudo na vida está inter-relacionado. Na Rocinha todos o conhecem, é um arrebatador de multidões. Conviveu com a agulha e a linha desde criança: sua mãe era costureira e fazia roupas para a alta burguesia carioca. Como estava escrito em seu destino, fez um curso de *fashion designer* e depois trabalhou nas lojas mais importantes do Rio. O que realizou até hoje é bonito o bastante para parecer um sonho. Em 1990, organizou seu primeiro desfile de moda durante uma noite de gala no coração da favela. A noite em si foi um desastre, mas o desfile teve um sucesso inacreditável. Um ano depois, implantou o primeiro curso para modelos. Ainda estava em fase experimental, mas logo percebeu, trabalhando com os jovens, que a moda tinha uma capacidade extraordinária de aumentar a auto-estima deles.

Seu método de ensino é revolucionário. Começa a ensinar-lhes que não são cidadãos de segunda categoria.

Zé Luiz trabalha com o ego das jovens, de modo que, se não se tornarem modelos, de todo modo irão superar o complexo de inferioridade que sempre marca quem nasce na favela. Os jovens passam a ficar menos introvertidos e muito mais seguros.

Uma vez superada essa primeira fase, Zé Luiz mostra também o oposto, isto é, que o ego, afinal de contas, é uma ilusão, e que na vida é preciso ser realista: "Uma modelo é também uma comerciante, uma pessoa que deve mostrar as roupas para pessoas interessadas em comprá-las", ele ensina.

Os cursos são realizados na escola comunitária da Rocinha, um grande edifício de cimento armado no sopé do morro. Aos sábados a escola abre apenas para o curso de moda, uma das atividades alternativas mais freqüentadas. As meninas são sempre muito pontuais. O sonho de Zé Luiz é abrir um verdadeiro centro de moda na Rocinha. Para concretizá-lo, lançou recentemente um novo projeto. Chama-se "Moda comunitária", um nome nem um pouco chique, mas que sintetiza bem o objetivo social: fazer com que o ato de saber se vestir torne-se um caminho para melhorar a vida do maior número possível de pessoas. Na favela, tudo está contra você. A única chance é fazer com que as adversidades se transformem em possibilidades. A moda para Zé Luiz significa também isso: uma maneira de muitos jovens conquistarem o futuro, de perceberem que há caminhos alternativos.

As aulas começam com um ritual coletivo: meninos e meninas dão-se as mãos e se concentram para sentir a energia que os une. Logo após a concentração, uma música *techno* proveniente de um gigantesco aparelho de som portátil marca o início das atividades. Aulas de postura, de passarela, de maquiagem, de desfile, em suma, todas as técnicas para se tornar uma modelo.

Eles aprendem rapidamente, mas nem todos conseguirão se lançar na moda. No entanto, as aulas de postura abriram caminho para muitas jovens conseguirem trabalho como *hostess* e secretárias.

As idéias inovadoras são certamente uma expressão do capital humano. Para a empresa é muito difícil avaliar peso, originalidade e valor. Como se faz para superar esse **impasse?**

Ao falar de idéias, deparamo-nos inevitavelmente com a realidade do intangível, com a esfera da emotividade e do pensamento, com a paixão, com uma dimensão do ser que havia sido negligenciada, para não dizer sufocada, pela modernidade, que exaltava a era das máquinas. Se observarmos a passagem da sociedade industrial à pós-modernidade, até a era da *net economy*, na qual estamos imersos, a valorização do intangível pode ser uma chave de leitura para entender a mudança.

Na sociedade industrial o indivíduo era solicitado a produzir em um contexto no qual sua dimensão de sujeito pensante era um "rumor, uma dispersão". Ninguém deveria criar empecilhos ao trabalho perfeito, definido e mecânico, estabelecido de forma completa pela máquina e para a máquina. Vamos pensar por um momento no célebre filme de Charles Chaplin, *Tempos Modernos*, que tem um papel arquetípico como retrato de uma época. Quando tudo parecia fixo e pré-definido, inserido em um percurso unilinear, eis o imprevisível, o caos que desarranja o "cosmo" construído pela cultura industrial, filha do neopositivismo: os indivíduos tornam-se sujeitos pensantes, toda a engrenagem começa a se desmontar. Com a mudança do mercado externo, tem lugar um aumento do poder por parte do consumidor ou do cliente, como se preferir chamá-lo; a essa altura a situação interna da máquina produtiva também se vê obrigada a se sintonizar. Esse alinhamento entre a empresa e o contexto, entre a máquina produtiva e o ambiente de referência não é fácil de pôr em prática, mas continua um fim, um objetivo, um desafio que somente os empreendedores mais capazes e preparados saberão enfrentar. O famoso Jack Welch, ex-presidente da General Electric (famoso também pelos recursos bem tangíveis com os quais saiu da sociedade), lembrava algo importante e significativo: "Quando a taxa de mudança externa excede a taxa de mudança interna, o fim para aquela empresa já está próximo".

Mas é possível definir o intangível?

Intangível significa emoção, capacidade de ideação, de imaginação, uma série de elementos que anteriormente também eram importantes, mas que hoje despertam particular atenção e, devo dizer, preocupação. Dessa preocupação, nasce a atenção para o *capital intelectual*. Este último é um conceito que adquire uma importância absolutamente de primeiro plano neste momento, mesmo porque a economia de hoje tem a forma da rede, de um *network*, que coloca em conexão um conjunto de cérebros, de inteligências, de mentes. Também em épocas recentes os elementos intangíveis tinham um peso: pensemos no *brand*, no selo, no logotipo, naquilo que era e ainda é designado como marca. Eis que agora tudo isso se tornou exponencial na economia da rede. O que significa inovação em relação ao passado é a possibilidade de medir esses elementos em uma perspectiva valorativa. Criam-se novas disciplinas gerenciais: o chamado *asset management* [gerenciamento de recursos] por meio do qual nos propomos o estudo e a avaliação dos *intangibles* [intangíveis].

Qual deve ser o papel da organização empresarial para desenvolver e dar suporte ao capital intelectual?

É importante que o capital humano seja adequadamente suportado e integrado ao capital estrutural da organização, que se torna o contentor dos processos. O capital estrutural deve ser capaz de ampliar aquilo que é produzido; deve fazer com que os conhecimentos, o uso criativo e as experiências encontrem o destaque necessário, um compartilhamento rápido, um crescimento coletivo e uma resolução dos tempos técnicos. O capital intelectual, não se cria a partir de pacotes distintos. Capital humano, estrutural e capital dos clientes não são quantidades que podem ser somadas, pois o valor vem das interações desses componentes.

O capital estrutural, sob a forma de banco de dados, de redes de computador, de patentes e de boa gestão, pode ser aumentado pelo talento de um funcionário; os maus instrumentos e os maus burocratas podem desvalorizá-lo. Por isso, é importante otimizar o capital estrutural a fim de criar condições ideais para enfatizar o valor do indivíduo, permitindo-lhe exprimir suas próprias capacidades e potencialidades.

O capital intelectual de uma organização pode ser identificado no talento dos seus funcionários, na eficiência dos seus sistemas de gestão, na natureza da relação com os clientes, fatores esses que constituem bens intangíveis, aos quais não se pode atribuir um preço. Nessa perspectiva, torna-se urgente iniciar um processo de amadurecimento cultural que oriente os indivíduos a aumentar e a compartilhar conhecimentos e experiências.

No âmbito dos processos formativos, fala-se com freqüência de "comunidades de práticas". O que se entende com esse termo?

A constituição de grupos informais em torno de diferentes tarefas é um índice do capital intelectual de uma organização. Criando uma "comunidade de práticas", chega-se ao compartilhamento de objetivos comuns, o que faz com que muitas vantagens possam ser absorvidas: a abolição de procedimentos duplos, a realização de grandes projetos, irrealizáveis por uma única pessoa, e a redução dos tempos de adoção e aceitação das inovações tecnológicas.

Construir processos de formação é um aspecto do investimento em capital intelectual certamente desejável na economia do conhecimento.

Traduzir as experiências em fóruns, publicações e debates, além de responder a escolhas teóricas e metodológicas precisas, pode contribuir para fortalecer a motivação dos indivíduos, tornando-os mais participativos na vida organizativa. Quem tem a responsabilidade de gerir pessoas deve dedicar-se aos próprios recursos e a ouvi-las: isso melhora as relações e os desempenhos, estimulando o espírito de grupo e a motivação. Temos de lembrar que o trabalhador tende a dedicar fidelidade cada vez maior à sua profissão, mais do que ao seu chefe ou cliente.

A partir do seu raciocínio, infere-se que, para analisar uma organização, é preciso considerar a empresa como um organismo vivo. Além do capital humano e do capital estrutural, sobre qual outro pilar se apóia uma organização moderna?

Uma análise posterior da organização passa por aquilo que poderíamos indicar como "capital relacional", isto é, o sistema da rede dos conhecimentos que uma estrutura produtiva é capaz de controlar por meio da gestão das relações que se desenvolvem com os interlocutores internos e externos.

Sobre a relação com o mundo externo, cada organização deve saber captar os elementos úteis à adaptação e criar sua estratégia numa sociedade complexa. Por exemplo, a qualidade das comunicações deve ser colocada em um horizonte de significados compartilhados, porque pode contribuir para veicular e, em alguns casos, transformar os conhecimentos. É preciso ter em mente que o objetivo deverá ser o de induzir as pessoas à troca de *know-how*, em vez de informações estéreis. Muitos administradores relutam em fornecer informações sobre os erros cometidos, desconsiderando o fato de que o reconhecimento deles é muitíssimo útil para evitar que sejam cometidos novamente e, sobretudo, para elaborar uma estratégia adequada como resposta às dificuldades apresentadas por um ambiente cada vez mais turbulento.

Além disso, muitas vezes o conhecimento empresarial é disperso nos espaços e na história da organização. Aprender a geri-lo por meio de uma comunicação eficaz significa evitar soluções improvisadas e repetição de erros. Minimizar as perdas de competência ligadas ao *turnover*, capitalizar os *feedbacks* que chegam dos mais variados canais, sejam internos, sejam externos, são fatores de potenciação da cadeia do valor.

O processo de recuperação, organização e sistematização de tudo o que é genericamente indicado como conhecimento traduz-se naquele vasto conjunto de competências, experiências e informações que hoje definimos como *knowledge management* [gerenciamento do conhecimento], cujas estratégias estão focalizadas em quatro áreas de intervenção:
- inovação;
- reatividade aos sinais que provêm do exterior;
- produtividade;
- competência individual e de grupo.

A governança do fator humano

"Governança da inovação" e "governança do fator humano" são expressões estreitamente conexas. A organização empresarial não pode prescindir das exigências ditadas pelo sistema econômico. No universo da ICT, a visão hierárquica ruiu e a empresa "castelo" ficou ultrapassada. Hoje o modelo dominante é o da rede, com uma transformação da cultura e da visão, que não poderia ser mais profunda. Qual é a sua opinião a respeito?

Recuperarei uma imagem contida em *Blur* [Falta de Clareza], citado no capítulo anterior. Os autores, Stan Davis e Chris Meyer, falam de "teia organizativa" para definir e circunscrever, com uma expressão, o correspondente "abstrato" da teia econômica, em que todos estamos envolvidos.

Mas o objetivo mais difícil de ser alcançado é o de criar novos modelos de relações humanas dentro das organizações produtivas. Até agora foram registradas nessa direção apenas tentativas pouco eficazes, sobretudo se se considera a acentuada condição de "nomadismo" cultural que caracteriza este momento particular da história.

No passado, a empresa castelo baseava sua força na vontade de manter, de conservar e, quando não, de reforçar os símbolos e as estruturas do poder. No panorama da pós-modernidade surgiu progressivamente a dificuldade de penetrar, de compreender o contexto de uma sociedade diversa em que foram modificadas a natureza e a fisionomia não só dos mecanismos de poder, mas também dos canais de mediação.

Foram desprezados alguns componentes muito importantes para o equilíbrio do sistema, que poderíamos definir como *compensation* [compensação], como a avaliação do potencial, os critérios e as políticas de gestão e desenvolvimento dos recursos humanos. A conseqüência mais direta é que, antes de tudo, é preciso refazer um mapeamento geral das competências. No panorama fragmentado da complexidade sociológica e epistemológica, verificou-se um profundo desalinhamento entre capacidade gerencial e desenvolvimento da ICT. Sendo assim, estamos pilotando um Concord e descobrindo que temos a capacidade e a experiência de um piloto de helicóptero.

Na internet economy, *com a mudança do tradicional conceito de previsão, de estratégia, mudaram os esquemas de comportamento do empresário. Quais as conseqüências disso no plano da filosofia organizativa?*

Existe uma complexidade que eu diria não apenas estrutural, mas também individual, que causa impacto nos percursos humanos e profissionais. O conflito de gerações que estamos procurando descrever surge por meio da lente prismática do trabalho. O universo da produção sofreu uma profunda transformação. Os novos *workers* [trabalhadores] já estão habituados à dimensão da rede. Para os nossos pais, esse mundo e sobretudo certas dinâmicas, certamente não são compreensíveis. Em todos os países mais industrializados estão sendo adotadas fórmulas legislativas que tendem a incentivar a flexibilidade. Trata-se, porém, de um valor que deve ser comparado aos riscos que fatalmente aumentam no novo sistema, sem que exista uma verdadeira correspondência no plano das oportunidades. Creio que todo esforço deve estar direcionado para repensar formas e tipologias do trabalho compatíveis com as lógicas da *net economy*.

Portanto, na era do conhecimento os chamados **knowledge workers** *[trabalhadores do conhecimento] serão os protagonistas da mudança social. Esses novos protagonistas têm o preparo adequado para promover a mudança?*

Poderão ser realmente protagonistas se souberem, antes de qualquer coisa, tornar-se intérpretes ativos das exigências do ambiente em que se movem. Esses protagonistas devem caracterizar-se pelo ecletismo, por uma bagagem excepcional de competências técnico-científicas, enriquecida por uma boa formação humanista. Dessa maneira, serão também capazes de gerir as relações profissionais com um alto nível de autonomia.

A criatividade, o *problem solving* [solução de problemas], a sensibilidade para o contexto cultural, a interpretação dos símbolos que paulatinamente são produzidos na interação homem-máquina, a comunicação, a gestão e a eliminação da ambigüidade são todos pontos fortes desses novos profissionais.

A evolução do mercado requer *skills* [habilidades] que permitam conciliar aspectos ligados à especialização e requisitos sociopsicológicos. Diante dessas condições, torna-se cada vez mais importante saber utilizar competências e habilidades, o que se define como "inteligência emocional" e "inteligência social", a saber: capacidade de motivar e de perseguir os objetivos apesar das frustrações, organizar os grupos, negociar soluções, estabelecer ligações pessoais e analisar a situação histórica e social.

Por fim, se temos presente que as organizações estão vivendo uma fase dinâmica, podemos compreender que estão se abrindo perspectivas novas e interessantes para os "trabalhadores do conhecimento".

*A transação não é mais construída por uma cadeia linear "vertical", que se desenvolve no eixo unidirecional "vendedor-consumidor", mas por um "*set *complexo de ofertas que se interconectam". Na rede econômica, a troca de valor de bens, sobretudo imateriais, acabará por prevalecer. Nessa economia da troca, da relação, da interconexão, o papel e a definição dos tradicionais atores econômicos estarão destinados a mudar. Isso não torna mais difícil e complexa a estruturação da cadeia do valor?*

Vem a minha mente a visão da "Atomic Corporation",[2] em que as tradicionais funções empresarias estão dissolvidas, de-

---

2 CAMRASS, R.: FARNCOMBE, M. *Op cit.*

compostas em muitos pólos de atividade que devem ter como características não apenas a flexibilidade de que já falamos, mas também a elasticidade e sobretudo a reatividade. Infelizmente, ainda é muito difícil encontrar estruturas empresariais e organizativas que reproduzam esse modelo. A referência de sucesso e de competitividade para as empresas não será mais representada pela *Fortune*, mas pelo *Value*. Na prática, isso significa que o sucesso estará menos ligado ao componente maquiavélico da fortuna que ao componente do valor, um valor cada vez mais imaterial.

As *Atomic Corporations* estão redesenhando radicalmente as estruturas produtivas. O que prevalecerá — e nisso Camrass e Farncombe demonstram ter uma perspicácia excepcional — será a dimensão mais pessoal, individual e propositiva da organização. É evidente que estamos distantes da visão que privilegiava a dimensão totalizante da empresa, feita de burocratas, de hierarquias babélicas e de mecanismos kafkanianos.

As empresas são sistemas abertos, por isso devem ter uma "porosidade", ou seja, devem saber reagir aos estímulos que vêm de fora. Nos últimos anos, a pesquisa está cada vez mais orientada ao *human capital*, pois se percebe que o futuro aposta na construção de perfis profissionais de excelência e, ao mesmo tempo, na elaboração de estratégias adequadas à criação de organizações que possam definir-se como de vanguarda. Paralelamente ao interesse pelo novo, há também o componente do medo, que se traduz em um profundo temor — às vezes dissimulado por parte de grandes grupos familiares e empresariais — de perder situações consolidadas. O grande desafio é conseguir conceber um mercado em que a demanda e a oferta de trabalho possam ser adequadas aos conhecimentos atuais das pessoas. Um mercado seguro, feito de regras transparentes e eficazes.

Chegaremos ao ponto em que não será um drama perder o emprego?

Isso significa que será relativamente fácil encontrar um outro e que, sobretudo, seremos capazes de criar um "reino das possibilidades".

A procura tem sempre um valor positivo, quando se traduz numa procura de identidade. Nessa perspectiva, pode-se compreender a reivindicação dos direitos como um passo à frente em direção ao que, no futuro, exprimirá uma definição mais completa da nossa vida laborativa. Vittorio Foa, um grande veterano da história do sindicato italiano, em seu ensaio *Questo Novecento*[3] [Este Século Vinte], reforça de maneira muito clara esse conceito, falando de "liberdade" dentro do trabalho, e não em oposição a ele. Trata-se de uma afirmação que contém uma visão absolutamente nova do sindicato e do seu modo de se relacionar com a realidade empresarial. Estamos além dos esquemas tradicionais do muro contra o muro; o espaço de confronto e de relação está progressivamente se tornando mais amplo e rico em oportunidades.

---

3   Torino: Einaudi, 1996.

Na economia das redes não há futuro para os sistemas fechados. A abertura é uma das conotações essenciais para as organizações do futuro. "Relações gerativas" parece ser a palavra-chave, o termo de referência. O senhor pode explicar o que isso significa?

O assunto é bastante complexo. De fato, assistimos nos últimos anos a fenômenos muito diversos. Numa primeira fase, dominaram ligações e relações gerativas entre as grandes empresas. Refiro-me às grandes alianças, como aquela entre a AOL e a Time Warner, que ocuparam as primeiras páginas dos jornais. A razão dessas operações não era tanto encontrar um acesso na economia das redes quanto governá-la. Nessas situações, parece inadiável o embate existente entre os teóricos que consideram a rede como um grande "bazar" e os estudiosos que tendem a concebê-la como um sistema hierárquico. Evidentemente, o problema do comando e do controle econômico dos recursos na dimensão da internet (grande questão que se apresentou nos primórdios da Revolução Industrial, estendendo seus efeitos até os tempos atuais) não foi sequer superado.

Mas esse é apenas um aspecto no qual se insere o grande tema da integração entre *old* e *new economy*. Não se trata de uma disputa acadêmica, mas de um fato concreto e perturbador em muitos aspectos. De fato, as diferenças são cada vez mais sutis. Vamos imaginar a agricultura: tratores dotados de GPS que conseguem ler as características do terreno e vislumbrar as áreas cultiváveis. A economia rural e a internet se entrelaçam de forma surpreendente. A distinção entre relações gerativas que envolvem grandes e pequenas empresas deve ser estudada de maneira transversal em relação aos setores de ação e de intervenção. Efetivamente, a rede oferece possibilidades extraordinárias. A economia da internet é algo externo ao tempo, ou melhor, está "fora do tempo". É isso que ainda não foi suficientemente esclarecido. Não existe um tempo fixo, cristalizado, em que temos de nos esforçar para nos inserir. O que existem são relações alimentadas, delineadas e guiadas pela tecnologia, em que a integração entre economia, comunicação e ciências da complexidade forma um todo dentro da transformação do mundo. Não podemos esquecer que a "complexidade" já é um dado científico incontroverso.

Há algo evidente na sua argumentação: formar o gerenciamento na empresa que se abre para o terceiro milênio torna-se uma palavra de ordem obrigatória, o primeiro verdadeiro imperativo categórico. Que instrumentos precisam ser colocados em campo?

O tema da pergunta significa um pouco a parte central da nossa conversa. O verdadeiro problema não é representado pela força crescente do componente tecnológico, que existe como fato inegável. Se tentarmos considerá-la com os olhos dos matemáticos, poderemos reproduzi-la como se fosse uma curva assintótica, que tende ao infinito. No entanto, aquilo com que devemos nos preocupar é a **governança da inovação**, ou seja, com a gestão do progresso científico e tecnológico, que requer um *management*, uma classe dirigente, uma economia de pensamento adequada às exigências que essa fase da história está demandando. Não é um objetivo inatingível, desde que tenhamos em mente que todo projeto deve passar pela formação de recursos. Existe uma tradição histórica centenária que começou a se desenvolver com a Revolução Industrial e que gerou uma cultura específica do adestramento. O desafio de hoje amadurece em um cenário global, motivo pelo qual os velhos esquemas ruíram diante do ambicioso objetivo de dar a cada indivíduo as categorias para compreender a mudança.

Quais as competências necessárias para interpretar e governar fenômenos de mudança cada vez mais rápidos e complexos?

A demanda vem a partir da velocidade da mudança. No passado, a acumulação de conhecimento destinada à tomada de decisões era mais breve, linear e duradoura. Agora, diante da rapidez das transformações, não basta que se crie um conhecimento superficial, é preciso ter sob controle a cadeia das implicações que são geradas a partir dos processos de aquisição e elaboração do conhecimento. O raciocínio não deve ser vivenciado pelos próprios administradores como um imperativo, mas como *commodities*. De fato, é preciso ter uma base sólida de conhecimento para fazer um trabalho bem-feito, para tomar decisões, para ser parte ativa da realidade em que se está imerso.

Para isso, o manager *deve ser capaz de mudar continuamente seu ângulo visual. Onde ele pode encontrar os estímulos?*

A resposta não está ligada ao método e ao processo de aprendizagem, mas a uma qualidade peculiar que chamarei de **atitude para a inovação**. Muitas vezes nos esquecemos de que o processo educativo da espécie humana é muito longo, em virtude da complexa estrutura neuronial que caracteriza cada indivíduo. A reflexão não é apenas de natureza fisiológica, pois tem implicações econômicas simples e imediatas: de fato, consigo fazer economia à medida que possuo a moeda do conhecimento. Por isso, na nossa discussão não irei negligenciar o aspecto psicológico, a atitude individual, a disposição para enfrentar o novo. Estamos numa dimensão emocional em que palavras como "medo", "coragem", "forma mental" e "motivação" têm um sentido. Não me interessa o aspecto nocional na análise da revolução digital, nem a dosagem das quantidades, mas a definição da qualidade e a focalização do método que guia os processos e as escolhas gerenciais.

O valor do management *deve ser estimado na capacidade de projeção em direção ao futuro?*

A dimensão do futuro é imanente, se preferirmos usar termos mais radicalmente filosóficos. No passado, não era assim, o futuro tinha uma dimensão sobretudo linear. A tecnologia, a velocidade de interconexão e a presença do intangível mudaram a concepção do tempo. Tudo isso requer tempos de preparo diferentes não só para os *managers*, mas para todos aqueles que operam na sociedade, que devem reagir em relação à multiplicidade dos fenômenos que nos circundam.

Por que o "relógio" da organização empresarial não consegue marcar um tempo de evolução sincronizado ao efetivo desenvolvimento histórico e econômico da sociedade?

O conflito entre conservação e mudança é um tema de peso, destinado a permanecer durante muito tempo no centro do debate. Até hoje, em muitas organizações, reinou o que Domenico De Masi[4] definiu provocativamente como a *economia dos soviéticos*. A afirmação é forte, mas pode ser útil para nos fazer refletir. De fato, está crescendo a importância das unidades econômicas que sabem ser elásticas e que, sobretudo, não podem mais ser governadas segundo um esquema rígido de comando-controle. Isso não significa que o modelo hierárquico tradicional, assim como uma concha velha, não sirva mais. Efetivamente, em muitos ambientes, o modo de gerenciar ainda não mudou, como é o caso da organização da política. Assistimos, assim, a situações paradoxais. Nesta fase da história do mundo temos empresas

---

4   De Masi, D. *Il Futuro del Lavoro*. Milano: Rizzoli, 2003.

hi-tech que podem fazer muitíssimas coisas interessantes e úteis para a humanidade. Ao mesmo tempo, descobrimos que há muita energia mental e física empenhada em desenvolver uma guerra de tipo "medieval".

Da organização empresarial à política em escala global, o seu raciocínio destacou incoerências, rupturas e incertezas. Nesta era pós-capitalista deve-se renunciar a buscar por pontos de referência?

É possível encontrar um ponto de referência quando um percurso de busca chega a um certo nível de amadurecimento. Mas, para ter resultados, a busca também deve encontrar um método adequado à mudança do paradigma em execução. No entanto, gostaria de voltar à China. Um grande povo está surgindo, com ritmos de crescimento que lembram a Itália do *boom*. Sem dúvida, a massa crítica da "onda amarela" tem uma força cem vezes maior que a da Itália. Seja como for, a comparação não é descabida. O sistema-mundo ainda não está pronto para reagir. Existe um atraso, uma crise de liderança política e organizativa, a respeito da qual não se insistiu o suficiente. A formação das elites (o fenômeno diz respeito a muitas nações) está efetivamente se revelando como um problema muito grande. Dito isso, não se deve esquecer que a acentuada mobilidade cultural e social da sociedade moderna oferece espaços de acesso muito mais rápidos. Isso faz com que novos líderes surjam de maneira mais rápida, mas que desapareçam com a mesma velocidade. Nisto, que chamarei de "reino das possibilidades", modifica-se a concepção da classe dirigente. O atraso do relógio empresarial, a que muitos autores — de Richard Farson[5] a Thomas Gordon[6] (psicólogos americanos), de Pierre Casse a Paul George Claudel[7] (professores de liderança e desenvolvimento organizacional) — referem-se é um atraso geral que atinge a sociedade.

No mundo ocidental, observa-se uma profunda crise de liderança. O primeiro-ministro inglês Tony Blair poderia ser um personagem interessante, no mínimo como representante político de uma forma de pensamento, da terceira via, teorizada pelo sociólogo inglês Giddens.[8] Refiro-me a Blair não por acaso, mas porque, mais que Jacques Chirac, presidente da França, ele interpreta um modo de conceber a política que deixava entrever um horizonte rico em novidades promissoras. Mas, ao contrário, o que tivemos foi um sinal tangível da catástrofe total. Parece que todos tendemos a subestimar com demasiada facilidade a lógica da violência, que, além de nos afligir, está nos arrastando em direção a uma outra idade

---

5   FARSON, R. *Il Management per Paradossi. Modelli di Leadership per il XXI Secolo*. Milano: Franco Angeli, 1998.
6   GORDON, T. *Leader Efficaci. Essere uma Guida Responsabile Favorecendo la Partecipazione*. Molfetta: La Meridiana, 1999.
7   CASSE, P.; CLAUDEL, P. *La Filosofia in Azione. Perché i Leader Agiscono como Agiscono e Provano quel Che Provano*. Milano: Franco angeli, 2000.
8   GIDDENS, A. *La Terza Via*. Bologna: Il Saggiatore, 2001.

da pedra. O fracasso de uma política míope, além da aridez, terminou por manifestar-se da forma mais dramática diante do triste panorama de tantas guerras absurdas que estão manchando o presente com sangue.

Significa que desenvolvimento tecnológico, política e economia não se conciliam bem?

Vamos tentar ficar num ângulo visual externo ao recinto empresarial. Volto a Tony Blair, que havia sido identificado como um líder multicultural. Seu *entourage*, constituído de figuras diversas, tinha os elementos suficientes para vencer. No final, apesar disso, não se comportou à altura do seu prestígio e do seu papel. Não se pode fazer-se passar por paladino de uma grande inovação, para depois exercer concretamente um uso bárbaro e primitivo da força e da violência. Uma política desse tipo revela uma incapacidade profunda, um vazio cultural efetivamente preocupante. A esse respeito, creio que assiste razão ao estudioso italiano Umberto Galimberti,[9] que tematizou o conflito entre *psiché* e *techné*, um conflito em que estamos arriscados a ficar à mercê da onipotência tecnológica. Não quero com isso diminuir ou negar a velocidade dos ritmos evolutivos da história

---

9 GALIMBERTI, U. *Psique e Techné. L'uomo nelle'età della Técnica*. Milano: Feltrinelli, 2002.

atual. Os modelos econômicos felizmente se desenvolvem; nada parou em decorrência da queda da Nasdaq. Vamos imaginar os cerca de 200 milhões de chineses que estão prestes a conquistar o mundo. Uma verdadeira "bacia das possibilidades" está avançando. Trata-se de um patrimônio enorme de idéias e de cultura que pode enriquecer a humanidade. A inovação está, nesse caso, em saber entender e dosar os efeitos desse grande fenômeno.

Na lógica das redes e na estrutura da nova empresa delineada pelo senhor, a "permeabilização" do sistema produtivo alimenta-se de uma contínua relação de osmose com o ambiente externo. Isso pode ser um fator que desperta a criatividade?

A "permeabilidade" dos limites, sustentada pelo filósofo C. Meyer, deve ser realizada não apenas em relação à *net economy*, mas também no que diz respeito à economia da energia. Como bem evidenciou Rifkin[10] em muitas de suas obras, o tema da energia é realmente crucial e não pode ser negligenciado.

Quando ligamos um computador é como se ligássemos um automóvel, uma vez que o recurso de que necessitamos é sempre o mesmo. O problema é: por que não criamos um sistema (não vou entrar na parte técnica, pois ultrapassaria o horizonte da nossa conversa), uma rede de energia, que permita ao consumidor gozar efetivamente de uma autonomia concreta? Na

---

10   Rifkin, J. *Entropia*. Milano: Baldini Castoldi Dalai, 2004.

sociedade dos *black-outs* essa questão deve ser ulteriormente reforçada. Algumas declarações que lemos continuamente na imprensa internacional, que se seguem a fatos e eventos de ampla repercussão, são a expressão de um pensamento que viaja a grande distância da realidade das coisas. Estamos distantes do progresso, somos tiranossauros destinados a ficar dramaticamente fora do debate que está se desenvolvendo.

Diante de casos de devastação mental que formam opinião, eu me pergunto: onde foi parar o pensamento inovador? São contradições ligadas ao sistema da comunicação. Portanto, volto ao raciocínio que havíamos feito anteriormente. Se o reino da internet passa de bazar a "grande irmão", então a revolução corre o risco de fracassar miseravelmente.

As funções empresariais não devem se exprimir como muitas "facções" contrapostas em uma economia planificada, mas devem ser orientadas a compor uma "oferta" que compreenda mais aspectos, análises e propostas. O objetivo não corre o risco de se tornar ambicioso demais, se considerarmos os instrumentos gerenciais de que dispomos?

Estou convencido de que as pessoas serão cada vez mais importantes. Não é mais um *slogan*, embora eu vislumbre políticas de gestão que ainda dão espaço a velhos modelos. Seja como for, a contradição entre velho e novo poderia ter um aspecto positivo se, ao final, se criasse um paradigma diverso, uma maneira mais livre de conceber as relações, ainda que em solo antigo ou não devidamente arado. Não devemos esquecer que a responsabilidade e a autonomia das pessoas são fatores cada vez mais importantes, a tal ponto que a capacidade de geri-las, não só em termos nocionais, mas emocionais, torna-se crucial.

Quando se fala de funções empresariais, temos de lembrar que hoje uma função também pode ser representada por uma única pessoa. Na era da internet, um indivíduo é uma "empresa". Portanto, a gestão dos recursos torna-se mais difícil, ainda que em muitos casos seja sensivelmente compensada pelo grande "reino das possibilidades", do qual eu falava anteriormente. Um indivíduo pode mudar a realidade, porque tem um altíssimo potencial. A esse respeito, insisto: são os instrumentos gerenciais que não dão mais sustentação. É difícil criar sistemas de governo para as empresas do terceiro milênio.

"Em caso de dúvida, siga a lei natural". Quais as conseqüências do uso cada vez maior da metáfora biológica nas organizações empresariais?

A pergunta se encaixa no circuito dialético e argumentativo no qual estou insistindo há bastante tempo. Há um horizonte fundamental e delicado que temos de tratar como administradores e formadores: o da *psiché*. Por isso, se no universo do trabalho conseguíssemos privilegiar uma dimensão mais de acordo com a dimensão humana, *organicista* em vez de mecanicista, sem dúvida essa ação poderia tornar toda a atividade empresarial mais gratificante e produtiva. Ao contrário, se a dimensão da adaptação não encontrar espaço, será difícil, para não dizer impossível, suportar os ritmos da mudança.

Esse raciocínio também era válido no passado. Refiro-me à era pós-industrial, que foi marcada por muitas mudanças. A grande diferença está no fato de que agora a velocidade da transformação cresce em medida exponencial. Portanto, é difícil — e creio ter insistido bastante a respeito — conseguir criar um sistema de *governança* dos processos. De um ponto não se pode abrir mão: a pessoa deve estar no centro. Sendo assim, a inovação também existe fora da empresa. Ressurge a "categoria do indivíduo", que talvez tenha um computador até mais eficiente do que aquele que o padrão empresarial oferece. Por essa razão, a empresa não é mais o laboratório exclusivo da inovação, ao menos não o é em absoluto.

Organização empresarial e complexidade

O ensaio de Kauffman A Casa Nell'Universo *[A Casa do Universo] permite reflexões sobre o momento histórico que estamos vivendo. O objetivo não é eliminar a complexidade, mas aprender a geri-la. Qual sua opinião?*

Esse é o nosso desafio! Por mais de um século a teoria de Darwin procurou explicar que a seleção natural elege, como vencedores, os indivíduos que, no âmbito da própria espécie, estão mais aptos a viver no ambiente em que estão imersos.

De fato, na concepção tradicional, os organismos vivos sofrem de maneira passiva as forças que provêm do próprio *habitat*, motivo pelo qual toda mudança repentina pode gerar descompensações, desorientações ou até mesmo a morte.

O pensamento biológico do século XX subverteu a elaboração darwiniana. Com efeito, chegou-se a um consenso de que não existe uma relação unívoca que liga a espécie e o ambiente, mas que, no interior dessa polaridade, a influência que determina a evolução é recíproca. A conseqüência desse raciocínio é que a seleção natural, embora tenha exercido um papel fundamental, não age sozinha na construção das arquiteturas da biosfera. A outra força que está na base da ordem natural é a auto-organização, que se desenvolve segundo as leis da complexidade.

A idéia de que os agentes, os genes, sejam capazes de se recombinar e se replicar abriu diversos campos de exploração. O que parece extraordinário é que a gama de origem espontânea é muito maior do que se imaginava no início.

Do nosso ponto de vista, é importante sublinhar que as leis estudadas por Kauffman são aplicáveis não apenas à biologia, como também à economia, às finanças e ainda, como muitas vezes afirmei, à empresa. Em síntese, quero dizer que as regras que valem para moléculas e bactérias também valem de maneira surpreendente para quando queremos tentar compreender o comportamento das pessoas nas organizações.

A Adaptive Enterprise foi definida como uma empresa capaz de responder às demandas às quais o senhor se refere. É possível explicar do que se trata?

É preciso partir de um princípio: as mudanças decorrentes do ambiente econômico, geográfico e político não são totalmente previsíveis. Uma empresa lenta nos processos de mudança e rígida nos processos operacionais está fatalmente destinada a perder cotas de mercado e competitividade. Se partirmos do pressuposto de que existem milhões de variáveis correlatas e que cada uma delas pode modificar-se em algum momento, seremos capazes de perceber a partir de qual exigência nasceu a Adaptive Enterprise.

Trata-se de uma organização que se beneficia da permeabilidade da membrana que a circunda, como acontece com a célula viva. Esse raciocínio também vale para os limites da empresa, que devem abrir espaço para a circulação das informações, caso contrário, qualquer sujeito produtivo acabará isolado do sistema e aniquilado pelo mercado. Em mercados imprevisíveis, em que os clientes exprimem uma enorme variedade de exigências, o princípio da eficiência (o único objetivo das organizações tradicionais) deve conformar-se ao princípio da adaptabilidade. É vencedor quem consegue intuir antecipadamente a demanda do cliente e responder em tempo real às necessidades que esse cliente exprime. Quando os clientes tornam-se imprevisíveis, as empresas, para sobreviver, devem deslocar continuamente o seu centro de atenção para entender o sentido e a direção da mudança. Por isso, as organizações adaptáveis requerem, antes de tudo, uma habilidade sistemática em buscar, captar e interpretar aquelas preferências emergentes, muitas vezes ainda não expressas.

Seu raciocínio demonstra que a Adaptive Enterprise também deve ser sensível à individuação das novas competências que podem fazer com que a organização cresça e aumente a capacidade de atender as demandas do mercado.

Nos dias de hoje tudo deve ser capaz de modificar-se continuamente. Imaginemos, por exemplo, a criação de uma telenovela. É um processo em contínua reelaboração. As novelas da Rede Globo são feitas geralmente de maneira bem elaborada do ponto de vista técnico. Atualmente, em dezoito horas de programação, cerca de seis, ou seja, um terço, correspondem a programas de ficção e se referem sobretudo à transmissão de telenovelas. A Central Globo de Produções, que se ocupa também com a produção de programas, desenvolveu-se nos anos 1970, ao passo que o Projac (Projeto Jacarepaguá, nome do bairro onde está localizado, na cidade do Rio de Janeiro) é o maior centro de produções da América Latina, criado em 1997 e caracterizado por uma estrutura de cerca de 1,3 milhão de metros quadrados de área total. Esse complexo reúne indústrias para a criação dos cenários, confecção das roupas, unidade de apoio e de caracterização, cidades cinematográficas e quatro grandes estúdios. Todo ano, lá são produzidas 2.524 horas de telenovelas. Atualmente, os argumentos das novelas são escritos somente por autores que trabalham no quadro da emissora ou por colaboradores externos. Às vezes, eles podem ser extraídos de uma obra literária ou vir de histórias baseadas em fatos reais ou de situações vivenciadas na sociedade. Os autores são em geral provenientes do teatro ou escritores já consagrados.

Uma vez estabelecido o argumento com a emissora, o autor apresenta ao Departamento de Análise e Pesquisa da Globo a sinopse, ou seja, um documento com cerca de 80 páginas que compreende a descrição dos personagens com os respectivos perfis psicológicos, a idade, o estado civil e a encenação dos primeiros 20 episódios.

O texto da sinopse é muito importante, do ponto de vista organizativo ou dramatúrgico. Ele apresenta e desenvolve os personagens da história, identificando em pouco tempo a trama principal e todas as tramas paralelas, dirigindo a atenção em direção a eventuais desenvolvimentos dos vários núcleos de personagens. Além disso, no texto das novelas o ritmo de trabalho é muito acelerado, e os autores têm de escrever de 20 a 25 páginas por dia. Cada capítulo dura cerca de 45 minutos, e a cada episódio participam, em média, de 30 a 40 personagens fixos, dos quais 6 ou, no máximo, 10 podem ser considerados protagonistas. No enredo, os conflitos eventuais se resolvem em curto espaço de tempo e são substituídos por outros no curso da ação, ao passo que os conflitos definitivos, que são os principais, são resolvidos apenas no final.

Após examinar a sinopse, o Departamento analisa o projeto e o compara com o perfil de espectador ao qual o programa é destinado.

A Rede Globo elabora freqüentemente pesquisas nas quais são analisadas as expectativas do público em relação à TV, seja por meio de pesquisas de opinião via telefone, seja por intermédio de grupos de discussão. A nova telenovela é avaliada com base nessas informações. Por esse motivo, a emissora muitas vezes define as próprias novelas como obras abertas, porque se trata de um produto que, quando vai ao ar, está sujeito às mudanças que as circunstâncias ou os acontecimentos cotidianos e o gosto do público podem impor. Uma vez transmitido o primeiro capítulo, a novela fica no ar por seis a oito meses, sendo escrita e filmada cotidianamente.

Após a escolha dos atores e de todos os que irão trabalhar na nova produção, dá-se início às gravações, que geralmente acontecem nos estúdios do Projac. Todavia, nos últimos anos, aumentaram sensivelmente o número das gravações externas, visando satisfazer uma tendência crescente ao realismo e em razão do fenômeno do *merchandising*, mecanismo que permite a obtenção de notáveis receitas publicitárias. Os efeitos especiais são realizados na Central Globo de Produções na etapa de pós-produção e finalização dos capítulos, graças ao computador gráfico. Geralmente, uma telenovela começa a ser gravada alguns meses antes de ir ao ar, permitindo uma forte racionalização do processo produtivo. O ideal é apresentar 20 capítulos prontos, ou seja, os que serão transmitidos nas primeiras três semanas de programação. Tendo em vista que os dois primeiros episódios são muito importantes para o êxito da novela, porque é esse o momento em que se apresenta a história e se conquista ou não o público, geralmente a atenção se concentra na realização desses capítulos.

É comum cada capítulo da novela terminar com uma situação de expectativa, que motive o público a continuar acompanhando a história. Esse tipo de expediente, definido como "gancho", consiste em fazer com que o telespectador espere ansiosamente pela continuidade da história no dia seguinte. Após os primeiros capítulos, a história entra em uma espécie de ritmo de administração, e começa a chamada fase da "barriga", isto é, a novela parece parada e os temas e diálogos se repetem. Então, a trama é revigorada com algumas mudanças de situação. Um outro elemento fundamental da telenovela é a existência obrigatória de uma trama principal e de muitas subtramas, que se desenvolvem simultaneamente com a principal.

O final acontece após cerca de 180 episódios. Quanto aos atores, eles possuem capacidades profissionais incomuns, seja pelo ritmo de trabalho — visto que em três dias devem produzir gravações equivalentes às de um longa-metragem —, seja pelas próprias características do produto, uma vez que, no curso da história, os personagens mudam de acordo com as pressões do público. Portanto, o ator não sabe o que irá acontecer futuramente ao papel que interpreta. Sendo assim, entre os protagonistas surge um esforço para impor um trabalho próprio de interpretação.

Na empresa do terceiro milênio, o ciclo planificação-produção foi definitivamente deixado de lado. Qual é o ponto de ruptura que marcou a passagem da sociedade industrial à sociedade pós-industrial?

Ainda é muito difícil falar desse aspecto, pois, na realidade, muitos de nós não chegamos a uma efetiva compreensão da sociedade pós-industrial. A *net economy* aumentou a velocidade dos fenômenos da sociedade pós-industrial. *Blur* não é senão isso: uma economia, um modelo, um sistema que desemboca em outro, gerando em cada fase do contato zonas cinzentas, imprecisas. A posição centralizada do indivíduo, de que falávamos anteriormente, é reforçada — não negada ou diminuída — pela integração cada vez mais forte e difusa com o universo tecnológico. A lógica da rede está toda aqui, na possibilidade difusa de acessar o universo do conhecimento e na possibilidade de subverter as convicções tradicionais, como explicou de maneira eficaz De Kerckhove[11] em seus estudos sobre a inteligência interconexa.

---

11 DE KERCKHOVE, D. *Op cit.*

Antes de concluir este capítulo, poderíamos tentar esclarecer alguns requisitos indispensáveis para uma nova concepção da organização empresarial que leve em consideração os fatores da complexidade?

Tentarei declinar mais detalhadamente algumas conotações que uma organização deve ter para mover-se num contexto dominado pela globalização. Em primeiro lugar, a "variedade", que deve ser entendida como uma atitude precisa para reagir a toda forma de homologação. Depois, a "permeabilidade", que deve traduzir-se em uma habilidade específica de fazer *network*, de comunicar, de trocar experiências e *know-how*. E, por fim, o governo da "instabilidade", que significa saber manter-se próximo ao limite do caos sem se deixar engolir, sem se fazer esmagar por hierarquias e percursos pré-constituídos. Essas qualidades não se sustentam se o *management* não demonstrar elasticidade, se ele não conseguir derrubar as definições rígidas. "Grandes e pequenos", pode-se ser ambas as coisas, é uma maneira de dizer que os processos de decisão já estão distribuídos, motivo pelo qual não é absurdo o paradoxo sustentado por Meyer: "burocracia ágil" ou "customização de massa".

Possuir esses atributos permitirá a toda empresa "misturar novamente a oferta" que, simplificando, significa ter a capacidade de reposicionar continuamente a imagem e também os produtos, conhecer profundamente o público-alvo de referência, provocando uma contínua recombinação de conhecimentos e de competências. Em resumo, adotar a "lógica da colméia". É uma hipótese possível?

Aquelas características citadas são as deste momento, desta fase histórica e econômica. A recente obra do filósofo americano Robert Nozick, *Invarianze. La Struttura del Mondo Oggettivo*[12] [Invariâncias. A Estrutura do Mundo Objetivo], faz perguntas importantes: "O que é a invariância?" "Quais são as invariâncias?" Do paleolítico ao neolítico, até os estudos do italiano Cavalli Sforza[13] sobre a genética, tem-se verificado a correlação da tecnologia com a intensidade da existência do homem, que busca qualidade de vida na onda do desenvolvimento tecnológico.

O que causa admiração — e insisto mais uma vez sobre isso — é que os sistemas de governo ligados à violência nunca deixaram de existir. O desencadeamento de uma burocracia estúpida e os muitos bombardeios a populações inofensivas que estão ocorrendo hoje são fatos que devem ser interpretados.

---

12 Roma: Fazi, 2003.
13 CAVALLI SFORZA, Luizi L. *L'evoluzione della Cultura. Proposte Concrete per Studi Futuri*. Torino: Códice, 2004.

A própria organização civil do estado nasce como monopólio da violência, que está ligada à ordem, à arquitetura do sistema. É o que nos ensinam os teóricos clássicos da razão de estado e do direito. Tornam a ser fundamentais os estudos do filósofo americano Richard Rorty,[14] e a economia da rede volta a impor efetivamente um "novo contrato social", abrindo-se a duas visões de mundo: a lógica do acesso e o fim dos territórios, que levam consigo o fim do Estado-nação.

A velocidade tecnológica traz a possibilidade de uma democracia veloz, mas também o risco de uma ditadura dissimulada, opressiva e mortificante. Voltamos a nos deparar com Umberto Galimberti:[15] a democracia é um problema difícil. Para criar uma democracia, não se pode deixar de elevar o nível cultural das pessoas. É preciso proporcionar, oferecer cultura, caso contrário nunca se viverá em um autêntico sistema democrático. Há uma evidente homologação da comunicação. O problema — volto a repetir — é que não conseguimos usar outros instrumentos, nem mudar pontos de vista ou gerenciar a dimensão emocional para além do "território" cada vez mais fracionado das competências técnico-profissionais.

Segundo Stuart Kauffman, biólogo do Instituto Santa Fé (EUA), "o mundo pertence às bactérias". A filiação e a mutação são fontes de novas informações. Seja como for, quer se trate de

---

14 RORTY, R. *Verità e Progresso. Scritti Filosofici*. Milano: Feltrinelli, 2003.
15 GALIMBERTI, U. *Il Gioco delle Opinioni*. Milano: Feltrinelli, 2004.

uma nova combinação ou de uma mudança casual, a inovação é realizada; em seguida, o ambiente deverá deliberar sobre a utilidade da inovação. Essa consideração torna-se crucial em virtude do peso que a economia ambiental, a eco-compatibilidade e a sustentabilidade exercem atualmente nas lógicas do desenvolvimento da empresa. Destaca-se cada vez mais o valor da *brand reputation* [reputação da marca] e, fala-se de ética da responsabilidade da empresa. Esses componentes culturais não podem ser ignorados, pois fazem parte do próprio alimento que vai gerar força, energia, capacidade de crescimento para a estrutura produtiva.

A Enron foi o último exemplo, a catástrofe final que nos abriu os olhos. À medida que cresce o nível de conhecimento, o consumidor também começa a dar sua opinião. Não por acaso, nos países do terceiro mundo considera-se muito a questão da ética das empresas. Investir em tecnologia, em reestruturação, pode significar ser aceito de bom grado pelo contexto social. É interessante que isso seja um valor nos países do terceiro mundo, pois está ligado ao intangível, ao *brand* e não apenas ao sistema de lucro.

Estamos indo em direção ao fim do capitalismo, ao menos como o entendíamos na velha lógica que dominava a economia industrial. Isso ocorreu também com o sistema comunista. Então, por que se espantar? Já na fase pós-industrial o sistema claudicava, e estamos simplesmente avançando no processo. O que irá se criar? Por ora é difícil prever. Certamente, um sistema de maior controle integrado entre a sociedade e as próprias empresas competidoras. O futuro irá apostar nessa capacidade de controle integrado. Os consumidores hoje já têm mais poder de controle. Toda a controvérsia italiana que domina as páginas dos jornais é muito interessante. Houve os *black-outs*, os ataques terroristas e muitos desserviços. O debate se inflama num teatro global, e o que se percebe cada vez mais é a exigência de mais transparência. Sente-se novamente a grande necessidade da ética. Neste caso, ética significa confiança, correspondência, conhecimento das regras. Eis que finalmente estamos chegando à definição que buscávamos desde o início da discussão, definição essa que está contida em termos densos de significado, quais sejam: respeito, equilíbrio, conhecimento do outro. A esse respeito é muito interessante o ensaio de Bernard Badie, *Un Mondo Senza Sovranità. Gli Stati tra astuzia e responsabilità*[16] [Um Mundo sem Soberania. Os Estados entre a astúcia e a responsabilidade].

Uma última indagação. "A oferta como veículo de comunicação entre a teia da sua empresa e a do mercado. O instrumento por meio do qual a organização aprende é um aspecto da oferta". É possível explicar essa afirmação em termos simples, com algum exemplo concreto?

Não há produto sem serviço; não há serviço sem produto. A lei é essa, e se exprime no *serdotto*[*]. Volta-se à temática do

---

16 Trieste: Asterios, 2000.

* Termo criado a partir da junção de sílabas dos vocábulos italianos **ser**vizio e pro**dotto**, que caracteriza o binômio serviço-produto a que o autor se refere. (N.T.)

customer care [atenção ao cliente], do *marketing* da experiência, como nos lembra o consultor americano Joseph Pine em seu livro *L'Economia delle Esperienze. Oltre il servizio*[17] [A Economia das Experiências. Além do Serviço]. É difícil distinguir as duas coisas. O UMTS e o trator, o telefone celular e o homem com o arado: esse é o aspecto forte da nossa época; aqui está o binômio inovação e decadência, que domina a nossa conversa.

A Fiat e a Toyota vendem a capacidade de dar assistência, e não apenas automóveis. O produto está ligado ao serviço. O telefone celular é uma prova disso. A integração entre as duas vertentes é um dado concreto. Economia da criatividade: é esse o campo em que todos deverão medir-se. Fundamentalmente, a criatividade abre o indivíduo para o futuro. Richard Florida,[18] economista americano, explicou muito bem esse aspecto na sua *Classe Criativa*.

Nessa perspectiva, é essencial conseguir encontrar o componente humano em cada serviço. Enquanto as horas efetivas de trabalho estão diminuindo, graças à tecnologia, temos de elaborar um modelo de vida capaz de unir tempo livre e relacionamentos humanos. Volta à moda, de maneira inesperada,

---

17 Milano: Etas, 2000.
18 FLORIDA, R. *L'Ascesa della Nuova Classe Creativa. Stile di vita, valori e professioni*. Milano: Mondadori, 2003.

a "economia da lentidão", como barreira, como válvula de escape em relação a um modo de entender a tecnologia, que não nos dá liberdade, mas que efetivamente intensificou o aspecto mecanicista da existência. Se conseguimos fazer em três horas aquilo que antes consumia oito horas da nossa jornada, somos moralmente obrigados a buscar explorar, na dimensão do nosso "tempo libertado", novos mundos de possibilidades.

... Estava num veleiro de velas quadradas com destino a Buenos Aires, sob a lua cheia dos trópicos. A velocidade era de catorze nós. Estava deitado no gurupés, olhando em direção à popa, com a água espumejando ao meu redor. Os mastros com as velas soltas, brancas ao luar, erguiam-se sobre mim como torres. Fiquei inebriado com aquela beleza e aquele ritmo semelhante a um canto, e por um momento esqueci-me de mim, como se eu tivesse me separado da minha própria vida. Estava livre! Fundi-me com o mar, transformei-me em velas brancas e em espuma ao vento. Tornei-me beleza e ritmo. Transformei-me no clarão da lua, no barco e no firmamento estrelado. Com uma alegria sem limites, eu pertencia, sem passado nem futuro, à paz e à unidade, a algo maior do que minha vida, maior do que a vida humana, maior do que a própria Vida! Pertencia a Deus, se preferir. E depois aconteceu no American Line, enquanto eu estava de vigia na gávea para o turno da manhã. O mar estava calmo naquele dia. Apenas um movimento lento vindo do fundo, o sonolento marulhar do barco. Os passageiros dormiam e ninguém da tripulação estava à vista. Nenhum sinal de vida. Das chaminés que ficavam atrás e embaixo saía uma fumaça negra. Deixei a vigia e comecei a sonhar. Sentia-me sozinho, acima e fora de tudo, olhando a manhã avançar lenta como um sonho pintado no céu e no mar, adormecidos juntos. Foi um momento muito intenso; uma forte sensação de liberdade. A paz, o fim de todo afã, o último porto, a alegria de pertencer a uma completude para além dos míseros, lastimáveis e mesquinhos temores e esperanças e sonhos humanos! E diversas outras vezes na minha vida, quando nadava em alto mar ou deixava-me ficar estendido na praia, experimentei a mesma sensação. Tornava-me o sol, a areia quente, a alga verde ancorada num recife no vaivém da maré. Como a visão mística de um santo. Como se o véu das coisas fosse levantado por uma mão invisível. Por um instante, vi!... E, quando vemos o segredo, tornamo-nos o próprio segredo! Por um instante existe um significado! Depois, a mão deixa cair novamente o véu, e ficamos sozinhos, de novo perdidos na bruma, nos arrastando sem saber para onde e sem para quê! Foi um grande erro eu ter nascido homem: teria me saído melhor como gaivota ou como peixe. Portanto, serei sempre um estranho, que nunca se sente em sua casa, que não quer nada a sério, e não é querido por ninguém; que nunca poderá fincar raízes, que será sempre um pouco apaixonado pela morte!...

Eugene O'Neill (1888-1953), ***dramaturgo americano***

Capítulo 3

Os países emergentes no horizonte global

O tema deste capítulo pretende mover, de maneira hegeliana, uma dupla contradição entre o global e o local, na tentativa de ressaltar o papel que os países emergentes poderão desempenhar na economia sem fronteiras. O senhor participou de muitas conferências no Brasil, e é um conhecedor das novas realidades políticas e econômicas que determinarão os novos equilíbrios no universo da net economy*. Quais os instrumentos necessários para enfrentar a mudança?*

Alguns eventos de cunho positivo e negativo se sucederam, submetendo a dura prova a capacidade do sistema econômico global — do *boom*, de 1995, ao *crash*, de 1997; da queda das Torres Gêmeas, em 11 de setembro de 2001, à Guerra contra o Iraque, em 2003; da falência da Enron em 2001, que se anunciava, à dramática crise Argentina, em 2002. Os países mais flexíveis foram os mais prontos a reagir, enquanto a Europa ainda custou a entender que o advento da moeda única impôs uma política econômica comum, capaz de superar as barreiras e as lógica imposta pelo "Pacto de estabilidade". O enfraquecimento da produção industrial, que atingiu países como Itália, Alemanha e França, além de ter o efeito de esmorecer a euforia, gerou incerteza e insegurança nos operadores econômicos, sobretudo determinando novas interrogações sobre a relação existente entre globalização e desenvolvimento, a tal ponto que se fala, cada vez mais, em pós-globalização ou em "globalização pela metade". Mas acrescentarei a essa contraposição uma outra: a linha que divide Norte e Sul, que divide países com baixas margens de crescimento, que alcançaram uma economia madura e realidades que, por sua vez, apresentam grandes potencialidades de desenvolvimento.

Se não se afirmar — e insisto a respeito disso, que é um pouco o *leit motiv* do meu empenho acadêmico e também o tema central das minhas palestras com os mais jovens — uma **governança global** capaz de orientar de maneira consciente e eficaz os processos de internacionalização das empresas e da economia, o bem-estar das pessoas, que deveria ser o verdadeiro objetivo das políticas de desenvolvimento, corre o risco de se tornar um apêndice, negligenciável e secundário.

"O maior risco que podemos correr é o de nos encontrarmos em uma sociedade rica e estúpida, que não consegue utilizar com profundidade e inteligência os modelos sociais e econômicos que estão surgindo na era das tecnologias." É o que se lê na apresentação da edição italiana de Atomic Corporation, *o último trabalho dos escritores Roger Camrass e Martin Farncombe,[1] cuja tradução italiana foi de sua responsabilidade. Gostaria de explicar essa afirmação?*

Para responder, gostaria de examinar um outro nó conflituoso relativo às culturas do universo da multimídia. Atualmente, a dicotomia cada vez mais evidente se dá entre o nível de desenvolvimento alcançado pelos complexos aparatos da ciência e da tecnologia e os ritmos evolutivos, certamente mais lentos, que caracterizam o progresso das ciências humanas, da cultura, da política, das instituições, da filosofia. Parece terminada a época da "nova aliança" prigoginiana[*], em que, sob o impulso do pensamento complexo, a ciência havia admitido a sua necessidade da estética, da arte, mas principalmente da ética, para ir adiante, entender o futuro, compreender

---

1 CAMRASS, R., FARNCOMBE, M. *Op. cit.*

[*] Termo relativo ao químico teórico russo-belga Ilya Prigogine (1971-2003), Nobel de Química em 1977. o termo "nova aliança" refere-se a um livro que Prigogine escreveu com a filósofa da ciência Isabelle Stengers — *La Nouvelle Alliance, les Metamorphoses de la Science* [A Nova Aliança, as Metamorfoses da Ciência] —, de 1979, no qual pretende resumir as novas possibilidades de confronto e de síntese entre as ciências exatas e as ciências humanas. (N.E.)

profundamente a evolução da sociedade. Essas duas culturas correm o risco de voltar a se distanciar, apesar das declarações de fachada. Após vivenciar um período de convergência e de aproximação, voltaram a caminhar separadamente. Portanto, seguir a "revolução silenciosa em curso" torna-se cada vez mais difícil, caso não se realize um esforço de leitura das categorias sociais e culturais que exprimem, nas palavras do filósofo italiano Emanuele Severino,[2] a tendência fundamental do nosso tempo. A contraposição entre a dimensão global e local é um aspecto, um dos pólos dialéticos de que podemos nos servir para iniciar a busca em direção a um modelo de desenvolvimento mais justo, solidário e respeitoso das razões dos outros povos, numa palavra, mais democrático.

A proposta de uma "economia molecular", num momento em que os índices macroeconômicos apontam para um período de crescimento lento, e até mesmo de estagnação, pode nos ajudar a compreender melhor os equilíbrios econômicos do planeta?

Atomic Corporation é um livro cujo mérito é ir além da *new economy* e que, justamente na ótica de uma ampla reflexão sobre o fenômeno da inovação tecnológica, pode ser de grande interesse, não apenas pelas múltiplas possibilidades de aplicação do modelo à realidade italiana — o país dos mil campaná-

---

2 SEVERINO, E. *Dall'Islam a Prometeo*. Milano: Rizzoli, 2003.

rios e das mil empresas —, mas também para uma análise mais ampla da globalização, entendida como processo econômico e também como paradigma cultural.

Provavelmente, a globalização é um fenômeno sem o qual é impossível interpretar hoje a situação política, econômica e social de qualquer país. Trata-se, porém, de um processo assimétrico, que alimenta um fluxo inimaginável de informação, dinheiro, mercadorias, bens, idéias, imagens, cultura e pessoas. Multiplicidade de sujeitos, diferenciação cultural, heterogeneidade dos percursos de desenvolvimento são categorias interpretativas que explicam adequadamente a realidade italiana, mas que nos fazem penetrar na cultura das diferenças, que é a dimensão "glocal"* de que tanto se fala, muitas vezes sem ter disso a correta compreensão.

---

* Termo cunhado pelo sociólogo alemão Ulrich Bech, como síntese de global e local. (N.T.)

O ensaio de Camrass e Farncombe põe em discussão o mito da grande dimensão, das joint ventures, *das alianças mirabolantes que dominaram a crônica econômica do final de milênio. Segurança, riqueza e prosperidade nem sempre se identificaram com as atividades de fusão e de aquisição perseguidas pelos colossos empresariais, que geraram falências ruidosas e triunfos imprevistos, criando operações inspiradas — como lembrou o economista italiano Carlo Mario Guerci*[3] *— não "pela racionalidade, mas pelo excesso". A inversão de perspectiva que resulta desse aspecto não era previsível. Quais serão as conseqüências?*

Muitas fusões são operações de tipo financeiro, ditadas pela necessidade de conquistar novos mercados, de reduzir os custos graças às economias de escala, de alcançar uma determinada massa crítica e de abrir novas possibilidades para dar início a produções globais. A bolha especulativa deixou marcas, não apenas nos bolsos de quem investiu dinheiro, como também no pensamento e na reflexão de quem estuda os fenômenos do mundo globalizado. Dá-se início a uma abordagem diferente em relação à economia da rede. Nem sempre a política das grandes aquisições foi vencedora. O estudo de Camrass e Farncombe é interessante porque contribui para derrubar o mito da "terra dos gigantes" e também para eviden-

---

[3] GUERCI, C. *Alle Origini del Sucesso. I campioni della media impresa industriale italiana.* Milano: Il Sole 24 Ore Media & Impresa, 1998.

ciar as possibilidades de expressão completa do indivíduo. Em que sentido *Atomic Corporation* é um livro que pode abrir uma perspectiva diferente no mundo da *net economy*? No sentido de que, para além do aparato bibliográfico e da estrutura descritiva, nele se prevê um novo horizonte de análises das tendências econômicas. Graças à expansão da rede, ao desenvolvimento dos novos processadores de mídia, à digitalização da cadeia do valor, uma nova fronteira se abriu, representada pela personalização dos serviços e pela centralidade do cliente. É verdade que muitos mitos da globalização são colocados em discussão, mas o livro é interessante sobretudo na parte *construens*, na qual se fala de casos concretos de sucesso de empresas que souberam entender e interpretar a mudança.

Os autores enunciam claramente um programa que é quase um manifesto cultural: "Estamos nos dirigindo rumo a uma nova ordem mundial constituída pela interconectividade absoluta. Nossa tese é que, no plano econômico, tais mudanças levarão ao nascimento de uma nova teoria empresarial e, no plano comercial, a um complexo de novas estratégias gerais". Então a era da new economy *já acabou?*

Após a grande embriaguez que levou à bolha especulativa, um capítulo se encerrou. No ano de ouro, o valor das ações da Microsoft aumentou em dez mil vezes. Foi o *boom* do *software*, um momento que podemos definir como singular e único. No futuro, algumas entidades de base, os átomos, representarão os tijolos na construção de um novo universo do *business*, que tenderá a crescer e se desenvolver por meio de agregações "inteligentes": as moléculas. Essas estruturas caracterizam-se por uma dinâmica constitutiva e evolutiva específica, em nítida contradição com a força homologatória dos grandes mercados e com a lógica esmagadora do pensamento único, destinada a desaparecer.

"Conectividade" e "capital relacional" podem ser consideradas as palavras-chave da economia globalizada. Esses termos, que já se tornaram de uso corrente, não seriam interpretados de maneira diferente em relação à primeira fase expansiva da internet?

Na sociedade da informação, o acesso, conforme nos lembra Rifkin, torna-se o direito fundamental. Se tiver um computador, posso criar uma empresa unindo capital intelectual e tecnologias; não preciso construir um galpão e investir bilhões em uma estrutura física. Tudo isso representa uma grande virada, que somos levados a considerar como uma conquista: até as grandes empresas deverão mover-se numa lógica atomizada. A metáfora química serve para explicar que é preciso conciliar a motivação das pessoas, a lentidão burocrática, a não dispersão. Demonstrou-se amplamente que o fator tecnológico é um *driver* do desenvolvimento, para que não tentemos reconstruir as organizações, de forma a entender, para além das repercussões da bolha especulativa, quais são as tendências evolutivas do mercado e as possibilidades efetivas de êxito em relação à mudança.

Um tema que surge de maneira forte é o da confiança. Com quais conseqüências?

Quando falamos de confiança, referimo-nos à dimensão da responsabilidade e às relações que devem ser instauradas entre empresa e cliente no panorama da complexidade tecnológica. Rifkin, em *A Era do Acesso*,[4] e a jornalista canadense Naomi Klein, em *Sem Logo*,[5] abordaram bem essa problemática. A questão é clara: primeiro vem a sociedade mercantil ou a sociedade dos direitos e da cultura. Não se pode criar uma dinâmica de relações, inclusive de caráter econômico, se não há cultura, confiança, sensibilidade e envolvimento. Relações econômicas e culturas devem entrelaçar-se. Seja como for, a tendência que está se firmando hoje é ambígua. Teriam as multinacionais cedido à tentação de transformar tudo em mercadoria, de deixar até mesmo de entrar nos guetos e impor uma marca e, com ela, uma ideologia? A discussão está aberta, conforme demonstra também a atualidade mais recente, dominada pelo conflito entre os partidários da globalização e os grandes movimentos de protesto, do "não à globalização" ao "fórum social". Voltando ao tema da confiança, considero que

---

4   São Paulo, Makron Books, 2000.
5   Rio de Janeiro: Campus, 2002.

existe uma nítida relação entre o estudo do padre francês Alain Dumont[6] e este livro, que é representada pela centralidade do cliente chamado a co-produzir, já que é uma fonte de desenvolvimento. O próprio consumidor é um motor de pesquisa, manda mensagens, orienta as escolhas de produção. Ele é o meu interlocutor-pesquisador.

Mas os acionistas e os investidores serão capazes de acompanhar e, se for o caso, de controlar o andamento das "estruturas caóticas", não-lineares, em que se baseiam as modernas organizações, sujeitas a fenômenos contínuos de flutuação?

Numa economia volátil, é preciso antes de qualquer coisa eliminar toda forma de rigidez na abordagem ao mercado. A teoria da complexidade encontrou uma primeira resposta na metáfora biológica. Assim como o indivíduo, a empresa deve desenvolver as próprias capacidades de adaptação. O mundo contém em si vários tempos correlatos à transformação dos destinos individuais. A economia não foge a essa lei, por isso fala-se, cada vez mais, em "economia adaptativa", e esse será um grande filão de pesquisa para o futuro. Em síntese, temos de aprender a aceitar também a idéia de que uma atividade pode cessar, para depois se regenerar, assumindo uma nova

---

6   DUMONT, A. *Innovare nei Servizi. Dall'evidente all'impossibile seguendo le lezioni dei leader.* Milano: Franco Angeli, 2002.

fisionomia, alimentando-se de novos estímulos e profissionalismos. A visão empresarial precisa mudar. Esta última geração já mudou de profissão cinco vezes; a geração futura talvez se veja obrigada a mudar vinte vezes. Devemos de fazer com que essa mutação profissional e ambiental não seja um problema, e que do mercado do medo passe-se para o mercado das oportunidades.

Se o slogan *é sem dúvida fascinante, não há como esconder que a perspectiva de mudar de emprego todo ano em alguns contextos seria vivenciada como um trauma. Como lidar com isso?*

O problema é essencialmente cultural. Verificou-se que o progresso tecnológico não teve como conseqüência um desenvolvimento cultural adequado. Estados Unidos, Itália e América Latina são realidades muito diferentes. Sendo assim, evitarei aventurar-me em analogias que poderiam resultar incorretas.

No contexto italiano, para citar um exemplo que me é familiar, a perda do trabalho é muitas vezes definitiva, pois não temos um mercado vital que nos faça ter a expectativa de uma recolocação. Sob esse ponto de vista, outros mercados são muito mais seguros. Um aspecto em que precisamos nos deter é representado, novamente, pela pequena e média empresa italiana, que já é um interessante modelo de economia molecular. Uma empresa também pode constituir-se de apenas duas pessoas para entrar em um negócio interessante. Algumas realidades, como as do nordeste italiano, conhecem muito bem esse princípio e o colocam em prática. O que não se pode negligenciar é a oportunidade que se apresenta hoje para os muitos "Mezzogiorno"* do mundo. Não podemos esquecer que a economia da rede é uma economia do conhecimento. Histórica e tradicionalmente, o capital intelectual não escasseia no sul da Itália. A experiência da ST Microelettronics, que criou na Sicília, nas proximidades da cidade de Catânia, o *Etna Valley*, é um fenômeno significativo que deveria ensinar algo.

Voltando à pergunta inicial, em uma economia de tipo molecular é possível encontrar um justo equilíbrio entre indivíduo e totalidade, entre grande e pequena dimensão?

Posso fazer da rede uma estrutura centralizada ou um grande bazar aberto. São soluções diferentes, distantes e contraditórias, mas praticáveis. Considero a temática muito aberta e, por isso, interessante. Em todo o mundo ocidental estamos vivendo uma transformação que derrubou algumas regras e muitas certezas que durante séculos estiveram na base dos sistemas democráticos. Para governar a complexidade da sociedade globalizada, será preciso que a política também se prepare com instrumentos adequados. Na Índia, por exemplo,

---

* Região sul da Itália, caracterizada pelo subdesenvolvimento e pela baixa renda *per capita*. (N.T.)

a tecnologia está mudando a face da sociedade rural. Trata-se de um reino extraordinário de possibilidades, que abre uma vertente sobre a qual ainda se refletiu muito pouco para tirar conclusões. Não só está em baila a dicotomia "global" e "local", como também o equilíbrio entre os Estados, que deixaram de ser a imagem do Leviatã, do filósofo inglês Thomas Hobbes, mas sistemas abertos, sujeitos instáveis em que a democracia, mais que um ponto de chegada, é uma conquista cotidiana.

Colocando em prática as novas formas de democracia nascidas no Brasil nos últimos anos, técnicos estrangeiros criaram fóruns nos quais tudo é discutido, e a comunidade, ainda que no seu ritmo, deve aprender a decidir coletivamente sobre saúde e ambiente, a se tornar interlocutora do governo na gestão dos recursos e a opinar sobre as questões administrativas locais.

O próprio Carlinhos Brown, de quem já falamos, deu início a uma série de iniciativas sociais e, com o projeto chamado *Tá rebocado*, finalmente os habitantes da favela Candeal se viram organizados em associações, empenhados em fazer respeitar seus direitos, ativos no processo de urbanização, diante da necessidade de se apropriarem das casas e dos terrenos onde vivem. Era uma favela sem infra-estrutura, com as casas caindo aos pedaços e o esgoto correndo a céu aberto, a ponto de ser chamada pejorativamente de "ilha dos sapos". Agora está limpa, tem saneamento básico e isso também se refletiu positivamente no entorno. Antes muito perigosa, agora a criminalidade desapareceu totalmente e é possível caminhar ali inclusive às três da madrugada. Não existe mais tráfico de drogas.

Talvez o que ainda seja difícil de implantar em Candeal é o bem-estar econômico, mas as idéias para iniciar um mercado que provavelmente possa levar à prosperidade não faltam: a primeira é aquela de acompanhar o fenômeno da escola Pracatum, um "corredor cultural", fazendo com que a comunidade esteja preparada para receber visitantes e turistas, e desfrutar o sucesso que os concertos começam a fazer de forma cada vez mais sólida. A iniciativa das exibições ao vivo, encenadas dentro da favela, ampliou-se pouco a pouco, atraindo um público numeroso, graças ao surpreendente mecanismo do boca-a-boca, tornando-se um encontro importante num país em que toda ocasião é boa para dançar. Nesses encontros, os jovens da Pracatum experimentam a emoção do sucesso, levam ao palco coreografias de dança fascinantes e se exibem num show colorido diante de espectadores muitas vezes provenientes de outras regiões da metrópole de Salvador e pertencentes a classes privilegiadas, ou até mesmo vindos de outros estados do Brasil.

Graças e essas ocasiões, o resultado dos esforços dos estudantes de música de Candeal Pequeno tornou-se palpável. Mas entre eles há quem já tenha tocado com nomes conhecidos da MPB, sobretudo com artistas de Salvador, que manifestam a intenção de participar ativamente; há os que fizeram turnê de concertos com o próprio Carlinhos e os que decidiram dedicar sua vida à música. Atualmente, são 778. Há entre eles os que já pegaram a passagem para voar em direção ao sucesso. E todos podem sonhar.

Pesquisa e competitividade rumo a novos equilíbrios

Vamos abordar uma outra questão que está há alguns meses no centro do debate jornalístico: a pesquisa. A Europa quer preencher o vazio com os Estados Unidos. Em março de 2002, o Conselho Europeu de Barcelona estabeleceu que, até 2.010, 3% do PIB deverá ser destinado à criação do "espaço europeu de pesquisa". A reflexão move-se em dois planos: o da pesquisa e o da política. O senhor não acha que ainda estamos muito distantes?

Voltarei à feliz definição dos autores Jonathan Low e Pam Cohen Kalafut,[7] que falam de "vantagem invisível", referindo-se à força motriz da empresa moderna: o conhecimento. Como vimos, é nos recursos intangíveis que se baseia a vantagem competitiva. O valor do triângulo formação-inovação-pesquisa é o fundamento de que é preciso partir, um paradigma feito de três pólos interdependentes. Nos anos que precederam a grande euforia tecnológica, graças também a uma certa estabilidade de mercado, as grandes sociedades não tinham perce-

---

[7] Low, J., Cohen, K. *Op. cit.*

bido a necessidade de praticar uma atividade de formação de tipo avançado, ligada aos laboratórios de pesquisa e aos centros de experimentação. Atualmente o quadro mudou radicalmente e essa conexão assumiu um peso estratégico. A distância entre a pesquisa científica e a política tornou-se ainda mais dramática devido às diferentes concepções de tempo. O político está muito ligado às vantagens que pode extrair da sua posição no curto prazo; o pesquisador, muitas vezes, não consegue obter respostas imediatas a partir do seu trabalho, que requer uma capacidade de visão no médio e longo prazos. Como se vê, os dois mundos infelizmente não falam a mesma língua.

Quando se fala de dimensão "glocal", vêm à mente as complexas dinâmicas ligadas aos fatores da competitividade, sobretudo em relação à força dos países emergentes, uma força que, a julgar pelo debate em curso dentro da União Européia, causa muito medo ao Ocidente, onde muitos Estados assumiram posições neoprotecionistas. Não é perigoso tudo isso?

Na realidade, estão surgindo novos horizontes. Portanto, o objetivo deve deslocar-se para realidades como as da China, Brasil e América Latina. Apesar disso, continuamos a esquematizar o desenvolvimento do planeta em torno da dupla bipolar Europa-EUA. Por que não nos preocupamos em mudar radicalmente nossas categorias interpretativas, em vez de olhar fascinados, e muitas vezes passivos, para a mudança repentina dos paradigmas científicos e tecnológicos?

Goldman Sachs sustenta que os quatro países que dominarão o futuro são: Estados Unidos, Índia, China e Brasil. Isso significa que temos absolutamente que procurar entender qual poderá ser o papel da Europa em relação a essa perspectiva, a fim de que não se abra, para este continente, um período de verdadeiro declínio, como muitos economistas já estão supondo. A única perspectiva que nos parece possível será a de valorizar o patrimônio que a história da Europa nos legou e utilizá-lo em uma dimensão "glocal" que, em termos de mercado, possibilite criar uma cadeia do valor entre o nosso *genius loci* e a imanência da globalização.

A pergunta me dá oportunidade para reforçar o significado do adjetivo "glocal", que se torna um termo-chave, pois é útil para a leitura dos novos equilíbrios do planeta. É preciso amadurecer uma atitude de abertura à globalidade em todos os níveis, mantendo o centro de gravidade na dimensão local. Não há outro caminho.

Jorge Luis Borges, em *L'Aleph*[8] [O Aleph], (publicado no Brasil em 2001, pela editora Globo, com o título *O Aleph*) fala-nos de Droctulf, um guerreiro lombardo que, durante o cerco a Ravena, abandonou os seus e morreu defendendo a cidade que antes havia atacado. O escritor nos conta que:

---

8 Milano: Feltrinelli, 2003.

A VIAGEM DAS IDÉIAS

Droctulft vinha das selvas inextricáveis do javali e do uro; era branco, corajoso, inocente, cruel, leal ao seu capitão e à sua tribo, não ao universo. As guerras levam-no a Ravena e lá vê algo que nunca havia visto, ou pelo menos não na sua plenitude. Vê o dia, o cipreste e o mármore. Vê uma multiplicidade em que não há desordem; vê uma cidade, um organismo feito de estátuas, de templos, de jardins, de casas, de degraus, de vasos, de capitéis e de espaços regulares e abertos. Aquelas obras tocam-no como hoje nos tocaria um mecanismo complexo, cujo fim ignoramos, mas em cujo desenho se intui uma inteligência imortal. Talvez lhe bastasse ver um único arco, com uma inscrição incompreensível em eternas letras romanas. Bruscamente, fica cego e transformado pela revelação da Cidade. Sabe que nela ele será um cão ou uma criança, e que nunca poderá entendê-la; mas também sabe que ela vale mais que seus deuses, que a fé jurada e que todos os pântanos da Germânia. Droctulft abandona seus combates por Ravena. Morre, e no seu túmulo são inscritas palavras que nunca compreenderia. *Comptempsit caros, dum nos amat ille, parentes, hanc patriam reputans esse, Ravenna, suam**. Não foi um traidor, foi um iluminado, um convertido.

Essa esplêndida passagem de Borges nos ajuda a interiorizar cada vez mais as raízes profundas de uma filosofia de vida que produz o belo de modo incessante e, às vezes, inconsciente.

---

* Ele nos amou, repudiando os seus e reconhecendo Ravena como sua própria pátria. (N.T.)

Um modelo que se deslinda na vida dos distritos industriais italianos, que constituem o tecido mais vital da sociedade italiana, e de uma competência que resulta do modelo bem-sucedido da oficina da época do Renascimento. Mas o paradigma pode ser estendido também para outros contextos, sobretudo em uma realidade como a de hoje, dominada pela economia do intangível. Estamos nos dirigindo para uma sociedade das emoções e das sensações. Portanto, vamos explorar o talento em uma dinâmica global que, como já disse muitas vezes durante a nossa conversa, pode constituir, paralelamente à pesquisa, o valor agregado para viver a globalização não na perspectiva desesperadora, mas na defesa das diversidades, interpretadas como riqueza.

Manaus é uma cidade habituada a pensar grande e de maneira extravagante. O Amazonas Opera Festival decidiu encenar a ópera de Wagner, L'Anello dei Nibelunghi *[O Anel dos Nibelungos], em quatro atos, no coração da maior floresta pluvial do mundo.*

Richard Wagner, compositor e maestro alemão, imaginou o seu mundo fantástico povoado de valquírias, gnomos e gigantes às margens do Reno, e não do Rio Amazonas. As duas encenações completas do ciclo dos Nibelungos representam a primeira vez que a ópera mais famosa e complexa de Wagner é executada e produzida no Brasil. Por esse motivo, a singularidade do evento atraiu não apenas os musicomaníacos do Rio de Janeiro e de São Paulo, mas também aqueles provenientes da Europa e dos Estados Unidos.

Um elemento que deve se unir à grandiosidade e à novidade do evento é que o lugar escolhido para a execução da ópera é o famoso Teatro Amazonas, a pouca distância do rio. No filme *Fitzcarraldo*, de Werner Herzog, o personagem principal faz uma viagem alucinante no Rio Amazonas, na esperança de chegar a Manaus a tempo de ver Enrico Caruso cantando no luxuoso teatro lírico que os senhores da borracha mandaram construir para seu divertimento.

Comparada às versões do *Anel* exibidas na Europa ou nos Estados Unidos, esta é, por força das circunstâncias, uma encenação com baixo nível tecnológico e custos reduzidos. Apesar do patrocínio de algumas empresas, o orçamento do festival foi de apenas 1,28 milhão de euros, para cobrir não só a encenação da ópera de Wagner, como também a do *Barbeiro de Sevilha* e de várias outras óperas contemporâneas brasileiras. Mas os intérpretes e o *staff*, quase todos brasileiros demonstraram criatividade e capacidade de improvisação que surpreenderam os artistas estrangeiros.

A saga dos Nibelungos é uma ópera que requer muito empenho físico por parte dos cantores, mas, nesse caso, houve outras dificuldades.

Um elemento de referência para muitos artistas estrangeiros importantes é que o teatro lírico de Manaus é um dos mais famosos do mundo. Sua construção teve início em 1882, quando o altíssimo rendimento da borracha permitiu a um grupo restrito de famílias adquirir e ostentar riquezas inacreditáveis. Assim, nasceu a idéia de importar da Europa materiais muito valiosos, como 36 mil azulejos em cerâmica, usados para revestir a abóbada verde e amarela que coroa o edifício.

No interior, os lustres vieram da França; os mármores, da Itália; e as escadas e corrimãos em ferro batido, da Inglaterra. As madeiras tropicais usadas na construção do teatro eram de origem local, mas foram enviadas à Europa para serem trabalhadas, polidas e, em alguns casos, laminadas em ouro.

Muito se discute sobre o fim do universalismo, seja em sentido físico (a referência obrigatória é Newton), seja sem sentido idealista (Kant). Não há mais um tempo absoluto, mas vários tempos, várias relações que se interconectam. Do mesmo modo, vimos na primeira parte do livro que o espaço econômico e produtivo fragmentou-se. A política não foi poupada do processo de transformação. Abre-se para ela uma era fundada num modelo de "governança" que se choca com o paradigma da modernidade. O naufrágio das ideologias, paralelamente à afirmação de novos equilíbrios planetários, fez com que fossem colocados em discussão o papel e os objetivos de grandes instituições supranacionais. Sendo assim, as idéias viajaram com mais velocidade do que a política? A fome de inovação, que procuramos individuar em mais âmbitos da sociedade, não corre o risco de revelar as numerosas situações dramáticas da atualidade histórica e política em que estamos vivendo?

Responderei com as palavras do Nobel Amartya Sen, que se referem à atitude de um Ocidente que não pensa, evidenciando mais uma vez o problema central do "limite cultural". O economista sublinha justamente que uma das conseqüências do domínio da cultura ocidental no mundo é o fato de que freqüentemente outras culturas e tradições são identificadas e definidas por contraste com a cultura ocidental contemporânea. Sendo assim, diversas culturas são interpretadas de uma maneira que parece reforçar a convicção política de que a civilização ocidental seja de alguma forma a principal, talvez a única fundada em recursos de idéias racionais e liberais. Por uma certa tradição, o Ocidente é visto como a área de acesso exclusivo aos valores que estão na base da racionalidade e do pensamento, da ciência e da possibilidade de verificação, da liberdade e da tolerância, e também do direito e da justiça. Uma vez enraizada, essa visão do Ocidente tende a justificar a si própria, negando o confronto com outros mundos, com outras culturas. Tendo em vista que cada civilização contém elementos diversos, uma cultura não ocidental pode ser caracterizada com base naquelas tendências consideradas mais distantes dos valores e das tradições "alheias" em relação à nossa. Esses elementos selecionados tendem a ser considerados mais autênticos ou mais genuinamente endógenos em referência a outros relativamente semelhantes aos que podem ser encontrados no Ocidente. Nesse sentido, as idéias certamente viajaram com mais velocidade que uma política ainda vítima de heranças antigas, ainda muito sufocada por estereótipos e preconceitos. Tornou-se inadiável aprender a viver a unidade na diversidade. Trata-se de criar uma nova dimensão mundial, colocando na ordem do dia o problema da convivência de povos e culturas muitíssimo diversas. Quando falo de governança, pretendo destacar a exigência, inadiável, de repensar os equilíbrios de um planeta que tem um perfil imbuído de complexidade e interdependência e de ancorá-los em sólidos princípios éticos. Quando se quer lembrar hoje de um político que se destacou pela capacidade de visão, pensa-se em Kennedy, em Luther King, isto é, em personalidades que tentaram transcender uma política relacionada apenas às que o francês Fernand Braudel,[9] professor de história, definiria como "as estruturas do cotidiano". Em razão disso, temos necessidade de tentar exaltar não apenas e exclusivamente a "onipotência tecnológica", mas a "onipotência do homem", que extrai seu alimento de uma sólida força moral, capaz de tornar o crescimento constante da ciência e da tecnologia coerente com a defesa dos valores universais, como a justiça, a liberdade e a paz. Essa perspectiva pode assinalar um percurso evolutivo, fazendo com que muitas contradições, muitas formas de *divides* [fronteiras] possam ser sanadas.

O fim do universalismo também marca o fim do eurocentrismo e, com ele, o do pensamento único. Em tempos de globalização isso parece uma contradição. Qual é a sua avaliação a respeito? O que significa a ascensão de países como China, Cingapura e Brasil em termos não apenas econômicos, como também culturais e geopolíticos?

---

9   BRAUDEL, F. *I Tempi della Storia. Economia, Società, Civiltà.* Bari: Dedalo, 2001.

Estamos diante de dois exemplos de caráter econômico: a explosão da China, fruto de um crescimento contínuo que traz no seu interior grandes contradições políticas. De um lado, a ausência de normas que regulem o trabalho garantiu uma grande capacidade competitiva; de outro, é o testemunho dramático de uma violação contínua, ultrajante e sistemática dos diretos do homem. Apesar disso, o dado que emerge na grande imprensa internacional é o de um desenvolvimento econômico tumultuoso e prepotente, que os amantes da competição, os defensores do mercado exaltam, dizendo simplesmente "bem-vindos" aos chineses. Por outro lado, no Brasil de Lula, assistimos a um experimento político, um verdadeiro laboratório, no qual se está procurando enfrentar uma temática importante, destinada a ter reflexos decisivos nos equilíbrios mundiais: a redistribuição da riqueza. O presidente está efetivamente tentando criar uma grande aliança entre todas as classes sociais brasileiras, a fim de gerar uma consciência comum, uma mentalidade, uma cultura difusa que ajude essa esplêndida e imensa nação a vencer a violência, a criminalidade e a insegurança que afligem a população das grandes cidades. Se não se "globaliza a solidariedade" — uso mais uma vez uma imagem do padre italiano Bartolomeo Sorge — não poderá haver paz, segurança e justiça, porque estaremos fatalmente expostos ao risco de mergulhar em novas formas de colonialismo cultural.

"Vence quem erra mais." Vem à mente a metáfora do psicólogo e educador americano Richard Farson[10], elaborada sobre um paradoxo que poderia nos ajudar a entender melhor a realidade daqueles países que teimamos em definir como "em desenvolvimento", que vivem o contraste gritante entre o baixíssimo nível médio de vida e o esplendor de uma penetração tecnológica cada vez mais difundida. A "Idade Média" é uma perspectiva real?

Há tempos, psicólogos e economistas vêm sustentando que o enriquecimento das sociedades modernas não leva em conta a felicidade. E isso retiraria todo o valor dessa corrida alucinada rumo ao aumento do PIB: de que adianta estarmos mais ricos, mas não mais felizes?

Recentemente, a revista científica *New Scientist* publicou uma pesquisa sobre o grau de felicidade no mundo, cujo resultado foi o seguinte: os mais felizes seriam os nigerianos, seguidos dos povos da América Latina, e, por último, viria a população dos países industrializados. À Itália caberia um lugar pouco glorioso, superada por todos os colegas europeus. Mas é realmente possível medir a felicidade?[11] Hoje a principal preocupação da política econômica, ou seja, o aumento da taxa de crescimento do produto interno bruto, está dando vida aos chamados paradoxos da felicidade, já que é um parâmetro absolutamente insuficiente para medir o real bem-estar de um país.

---

10 FARSON, R., KEYES, R. *Vince Qhi Fa Più Errori. Il paradosso dell'inovazione*. Milano: Franco Angeli, 2003.
11 GIANETTI, E. *Felicidade*. São Paulo: Companhia das Letras, 2002.

A "sociedade do black-out" *e o "efeito borboleta" são paroxismos que exprimem a realidade de um contexto ambiental em que domina, como o senhor dizia anteriormente, a lógica da complexidade e da interdependência. Qual a governança para um sistema em que força e fraqueza se tocam?*

Respondo com as palavras dos filósofos italianos Gianluca Bocchi e Mauro Ceruti:[12]

> Estamos participando do nascimento de uma comunidade e de uma consciência planetária: uma densa rede de interações extensa e espalhada sobre toda a superfície do planeta entrelaça a vida cotidiana de todos os habitantes da Terra, de forma profunda e das maneiras mais imprevisíveis. A partir dos anos 1940, essa tecedura planetária de influências e de retroações tornou-se evidente sobretudo pelas suas características negativas, pelo seu potencial de ameaça e de destruição generalizada. Os anos que vão de Hiroshima a Tchernobyl colocaram a humanidade diante de cenários totalmente inéditos. A explosão de Hiroshima ligou a vida e a morte de milhares de pessoas aos equilíbrios de força entre as superpotências do planeta, unindo, pela primeira vez, em uma forma tão dramática e global, a idéia de progresso tecnológico à idéia de uma possibilidade de morte estendida a toda a humanidade. A guerra árabe-israelense de 1973 demonstrou

---

12 Bocchi, G.; Cerutti, M. *Educazione e Globalizzazione.* Milano: Cortina Raffaello, 2004.

que a interrupção de fluxos materiais energéticos causada por um conflito local pode ativar uma crise econômica de dimensão global. Nas últimas décadas do século XX, intensificou-se uma devastação ambiental determinada pela irresponsabilidade e pela miopia de muitos governos e complexos industriais, que foi crescendo em qualidade e quantidade no seu potencial poluidor, ameaçando, no dias atuais, destruir os processos mais enraizados da biosfera que garantem a nossa sobrevivência.

O esforço que hoje se requer de cada cidadão, de cada coletividade e autoridade da Terra é o de começar a conceber e a viver esta comunidade planetária de maneira positiva, isto é, de considerar o vínculo com um entrelaçamento global de interdependências como a única condição adequada para garantir e melhorar a qualidade de vida dos indivíduos, dos grupos, dos povos; de transformar o dado concreto da interdependência planetária na tarefa ética de construir uma civilização do planeta Terra; de inaugurar uma evolução antropológica em direção à convivência e à paz. "Acredito que hoje é mais que nunca necessário elaborar uma ecologia da civilização planetária; reforçar um sentimento comum sobre a nossa 'comunidade de destino'; difundir uma consciência global (no sentido amplo do termo, que envolva o imaginário e o universo afetivo dos cidadãos da Terra); configurar um estilo inédito de educação e de formação voltado às interdependências culturais e materiais planetárias."

Toda geração produz um punhado de grandes homens, criados em cabanas de madeira ou casebres de barro, que esticam as mãos em direção às estrelas para alcançar sonhos impossíveis. Einstein, Luis B. Mayer, Henry Ford, Tom Edison, Irving Berlin. Homens que vivem em ambientes diferentes, e a única coisa que têm em comum é que nunca param para descansar.

Mordecai Richler (1931-2001), escritor canadense

Nos processos do sonho, o homem se exercita para a verdadeira vida.

F. Nietzsche (1844-1900), filósofo alemão

A coisa é simples! Somos todos muito ignorantes e na ignorância não pode haver competição.

Gregory Bateson (1904-1980), antropólogo e sociólogo italiano

A civilização das máquinas também produz em série a solidão do homem.

Sándor Márai (1900-1989), escritor húngaro

A vida é a arte do encontro.

Vinicius de Morais (1913-1980), poeta e compositor

Capítulo 4

A economia do intangível

"Não acredito absolutamente no mercado. Ele está dissociado da realidade econômica, raciocina no curto prazo. Quando se realiza uma operação, raramente o mercado tem uma reação positiva. Costuma-se dizer que o mercado tem sempre razão, mas é uma afirmação falsa. O mercado praticamente sempre errou. No longo prazo, ele sem dúvida acaba reconhecendo os valores reais, mas só depois de muitos erros!"
A afirmação é de Claude Bébéar, fundador da Axa, uma das maiores companhias de seguros privados do mundo, em seu último livro/ entrevista ao jornalista francês Philippe Manière. Trata-se de uma simples provocação?

Não é uma provocação, diria que é uma afirmação. Eu gostaria de começar a responder à sua pergunta com as palavras de Gregory Bateson:[1]

---

1   BATESON, G. *Uma Sacra Unità. Altri Passo Verso um'Ecologia della Mente.* Milano: Adelphi, 1997.

Em biologia não é verdadeiro que, se algo faz bem, então uma grande quantidade desse algo faça ainda melhor. Parece que os economistas raciocinam dessa forma em relação ao dinheiro. Se estiverem certos, isso demonstra que o dinheiro não é certamente um elemento biológico, mas talvez antibiológico. Quanto ao resto, as coisas boas apresentam-se em quantidades ótimas, não em quantidades máximas. Para toda substância ou experiência desejável existe uma quantidade tal que, se superada, os efeitos serão tóxicos.

Isso vale evidentemente para coisas boas como o oxigênio, o cálcio, o alimento, a diversão, as roupas, a psicoterapia, a cólera, talvez também para o amor. Em doses excessivas, essas coisas tornam-se tóxicas.

Portanto, a afirmação daquele que é considerado um dos profetas do capitalismo francês não deve nos surpreender, pois faz parte daquela atitude crítica que hoje é necessária se pretendemos compreender o significado da era pós-industrial. Em outra passagem, o mesmo Bébéar sublinha o valor do capitalismo, uma vez que "é o único sistema que permite ao ser humano sair da pobreza, oferecendo-lhe a possibilidade de um desenvolvimento pessoal". Isso não significa dogmatismo cego, mas consciência das responsabilidades que recaem sobre os atores, sejam eles públicos ou privados. O mercado pode dar uma visão distorcida da realidade e, portanto, falsear a exata avaliação de fatos e situações. Não por acaso, uma grande parte do livro é dedicada ao conceito de responsabilidade e de confiança, que continuam a ser os valores que sustentam um capitalismo que, como já insisti várias vezes durante a nossa conversa, deverá nutrir-se cada vez mais de fatores intangíveis.

Que ensinamentos a ascensão e a queda da new economy *nos deixou?*

A partir do início dos anos 1990, o mercado da Bolsa americana assistiu a níveis de crescimento semelhantes àqueles que se costumam ver no arco de uma geração. Os analistas, as empresas de consultoria e a imprensa, especializada ou não, proclamavam em voz alta o advento de uma nova economia. Baixos rendimentos e recessões eram conceitos obsoletos que já pertenciam a uma época antiga. A globalização e as novas tecnologias levariam crescimento e prosperidade ao mundo todo.

Mas, no final da década, pouco antes do 11 de setembro de 2001, o que parecia ser o despertar de uma nova era revelou-se apenas uma empinada momentânea da economia americana, um período de intenso crescimento, inevitavelmente seguido por um outro de contração e consolidação, como os duzentos anos de capitalismo já nos ensinaram. Só que desta vez a bolha especulativa — o *boom* tanto da economia quanto dos mercados financeiros — foi mais extensa e com conseqüências mais graves; a "nova era" não era nova apenas para os Estados Unidos, mas para o mundo todo. Com o declínio da economia americana, seguiu-se uma crise que atingiu quase todos os países ocidentais.

Que políticas econômicas fizeram com que os Estados Unidos crescessem de maneira tão impetuosa nos anos 1990?

Os governos Reagan e Bush pai, inspirados na escola econômica de Chicago e em nítida tendência de oposição ao passado, levaram adiante políticas de tipo liberalista, destinadas a dar mais eficiência ao sistema econômico americano. O governo Clinton seguiu o caminho da redução do *deficit* público e do estímulo ao crescimento econômico, controlando os processos de desregulamentação, iniciados na década anterior.

Conduzida de maneira correta, a *deregulation** contribui para que os mercados funcionem de modo competitivo. Há empresas que se aproveitam de posições dominantes: o ideal é que a regulamentação impeça que algumas delas tirem vantagem da própria posição monopolista.

A regulamentação ajuda a evitar os conflitos de interesse e os abusos, a fim de que os investidores possam contar com um mercado capaz de garantir uma disputa leal e com a tutela dos seus interesses por parte dos sujeitos prepostos.

Mas o aspecto negativo de tudo isso é que a regulamentação limita os lucros e, por isso, *deregulation* significa lucros mais elevados.

---

*   Redução da interferência do governo nas empresas. (N.E.)

Por exemplo, a desregulamentação dos anos 1990 nas telecomunicações nos Estados Unidos e na Itália deu início a uma espécie de corrida do ouro. Havia uma excitação em todos os níveis: no governo, nas finanças, na tecnologia e nas telecomunicações. Essa excitação permitiu que se criassem algumas coisas de grande valor.

Os partidários da *deregulation* tinham uma visão maniqueísta do mundo: viam as maravilhas do livre mercado de um lado e os males do Estado de outro, sem qualquer menção aos vários casos em que o bom funcionamento do mercado dependia, em ampla medida, de um certo grau de regulamentação.

Nos anos 1990, tornou-se um credo, tanto na Itália quanto no Ocidente, que o mercado, sozinho, é capaz de resolver praticamente qualquer problema e que a ação do Estado, por definição, torna as coisas piores.

O senhor está nos descrevendo o que ocorreu nos Estados Unidos. Depois do boom *veio o declínio, com graves conseqüências no mundo todo. Como foi possível passar de um capitalismo americano dominante para um modelo que quase se tornou símbolo das muitas distorções geradas pela economia de mercado?*

Uma desregulamentação incauta e políticas fiscais errôneas foram as principais razões da recessão de 1991 nos Estados Unidos, assim como uma desregulamentação incauta, políticas fiscais inábeis e práticas contábeis imprudentes são os motivos da crise atual.

Os governos conservadores sempre basearam seus planos econômicos em uma forte redução do papel do Estado, na diminuição das despesas e do número de funcionários públicos, e no favorecimento de uma liberalização progressiva do mercado. O pressuposto desses programas era a ineficiência inevitável do governo e se houvesse problemas, as normas governamentais fatalmente iriam piorar a situação.

Além disso, o grande paradoxo da *new economy* nos Estados Unidos é que não se investiu suficientemente na pesquisa, principalmente nas ciências de base, em torno das quais girava a economia. Em parte, ela baseou-se em idéias passadas, grandes inovações tecnológicas já obsoletas, como o transistor e o laser. Os Estados Unidos confiaram nos estudantes estrangeiros que se dirigiam em massa às universidades para levar adiante a máquina da pesquisa, enquanto os melhores estudantes ocupavam-se com negócios.

Joseph Stiglitz, prêmio Nobel da economia em 2001, em seu recente livro **I Ruggenti Anni Novanta**[2] *[Os Rugidores Anos Noventa] descreve as falências americanas no exterior e fala da perda de oportunidade de se criar uma nova ordem internacional, baseada em valores americanos.*

Efetivamente, os Estados Unidos se comportaram como se possuíssem uma fórmula exclusiva para a prosperidade e tentaram exportar sua crença econômica para o mundo.

---

2   Torino: Einaudi, 2004.

Por intermédio de organizações internacionais — a World Trade Organization (WTO), o Fundo Monetário Internacional (FMI), o Banco Mundial etc. —, a diplomacia econômica americana transformou-se de Tio Sam em Doutor Sam, ansiosa por distribuir receitas para o restante do mundo: cortem a balança, eliminem aquela barreira comercial.

Foi a falta de regras, não o excesso, que provocou as crises econômicas do Leste Asiático, em 1997, assim como no caso do colapso do sistema de poupança americano, em 1989, quando foi apresentada aos contribuintes americanos uma conta de 500 bilhões de dólares para salvar uma parte importante do sistema financeiro do país.

A estratégia americana baseava-se na tentativa de levar os países do Terceiro Mundo a conduzir políticas substancialmente diferentes das que adotavam em sua própria casa, ou seja, inspiradas na abordagem neoliberalista exasperada que, no país, representava tudo aquilo contra o qual o governo Clinton lutava com mais afinco. Era uma política que deixava de lado os princípios de justiça social, de eqüidade, de honestidade.

Um exemplo disso é a Argentina, "estudante modelo" e país mais fiel em fazer reformas, e talvez a nação que mais tenha sofrido tanto antes quanto depois da crise.

Antigamente, dizia-se que quando os Estados Unidos espirravam o México pegava um resfriado. Os Estados Unidos adoeceram e, com a globalização, toda a América Latina sofreu. Debilitada com a fuga de capitais, a América Latina viu enfraquecer também o mercado das exportações para os Estados Unidos.

À luz do que surgiu a partir das suas considerações, que lição a Europa deve extrair?

Nesta nova era de globalização, não são apenas as mercadorias que se movem livremente no mundo, mas também as idéias. O aparente triunfo do capitalismo americano teve uma enorme influência na Europa, na América Latina, na Ásia e em todo do restante do mundo. Os outros países queriam descobrir qual a razão do sucesso dos Estados Unidos, para poder imitá-los.

Em matéria de macroeconomia, o governo de G. W. Bush, com os seus cortes nas taxas sobre as rendas elevadas e com sua expansão do *deficit* público para financiar a guerra, foi o pior exemplo para os governos de centro-direita de todo o mundo.

Ao sustentar a necessidade de cortar as taxas para estimular a economia, a centro-direita apropriou-se da retórica keynesiana, mas somente dela. As reduções fiscais não foram estudadas para estimular a economia, mas para deixar em melhor situação quem já estava muito bem. Nenhum país europeu ousou tanto quanto Bush, nem em relação ao acúmulo do *deficit* público, nem quanto à iniqüidade social da redução das alíquotas sobre as rendas elevadas.

O pacto de estabilidade na Europa teve um duplo papel: preveniu não só políticas econômicas desatinadas, como também impediu a prática de ações voltadas a estimular o crescimento econômico. O Banco Europeu, dominado por banqueiros alemães, continua a defender a moeda única dos possíveis perigos de inflação, inclusive em situações de baixo crescimento econômico e com as taxas de desemprego na Europa acima dos 10%.

A partir daí, começa-se a entender que as privatizações e a flexibilidade no mercado de trabalho não são as únicas soluções para os problemas da economia européia.

Muitos modelos foram superados. A esta altura, pergunta-se: que tipo de economia de mercado pretendemos criar? Em um mundo globalizado, temos de marchar todos no mesmo ritmo? Que espaço ainda permanece para a diversidade? É possível construir um capitalismo com feição humana e flexível?

Enquanto na Europa fala-se muito de convergência, ou seja, da necessidade de haver, nos países que aderiram à União Européia, regras, normas e práticas semelhantes, senão idênticas, os latino-americanos estão começando a entender que as reformas que consideravam úteis para convergir em direção a uma economia de mercado inspirada no modelo americano na realidade, funcionam de forma totalmente diferente. O *default* da Argentina está aos olhos de todos.

Sem qualquer intervenção pública, os mercados às vezes produzem excessos (por exemplo, a poluição) e carências (por exemplo, a pesquisa). O centro nevrálgico de uma economia que funciona é o mercado, mas é preciso que ele esteja em equilíbrio com o Estado. O tipo de equilíbrio pode variar de um país para outro e se modificar no tempo.

Vamos dar um exemplo: nos últimos trinta anos, cresceram as preocupações com relação ao meio ambiente. Na ausência de regras ou vínculos, os mercados tenderão cada vez mais a poluir as águas e a atmosfera, e a produzir quantidades crescentes de resíduos tóxicos sem o cuidado de descartá-los de maneira adequada. Para alcançar o justo equilíbrio, seria necessário fortalecer o papel do Estado em alguns setores e redimensioná-lo em outros. Por exemplo, eliminando — ou, no mínimo, reestruturando — os subsídios à agricultura, agindo com cautela no salvamento, com dinheiro público, das grandes empresas e nas intervenções destinadas a limitar a concorrência.

Todavia, significaria também assumir um papel mais ativo na tutela dos consumidores e dos investidores. De maneira geral, os Estados deveriam sustentar a pesquisa e a instrução, e empenhar-se numa tutela maior do meio ambiente. Provavelmente, Estados Unidos, Europa, países industrializados e áreas chamadas "em desenvolvimento" conseguirão plasmar uma nova forma de democracia global, se demonstrarem determinação e vontade de definir políticas econômicas compartilhadas, capazes de criar os pressupostos para uma prosperidade fundada em novas bases.

Existem situações alarmantes: no Mato Grosso do Sul a situação das crianças e dos adolescentes é cada vez mais preocupante. No primeiro semestre de 2005, a desnutrição matou pelo menos 14 crianças com menos de 5 anos pertencentes à etnia guarani-caiowá, instalada naquele estado.

Apesar da morosidade, devido ao desinteresse inicial de grande parte dos meios de comunicação, a tragédia comoveu o Brasil inteiro. Segundo dados fornecidos pela Funasa (Fundação Nacional da Saúde), responsável pela assistência médica nas reservas indígenas, 27% das crianças indígenas com menos de cinco anos de idade que vivem no Mato Grosso do Sul sofrem de desnutrição. Em 2004, a mortalidade infantil nas mesmas comunidades alcançou o índice alarmante de sessenta por cada mil nascidos com vida, ou seja, quase o triplo do registrado no total da população brasileira (que corresponde a 24 por mil, segundo dados recentes do Ministério da Saúde).

Os dados dramáticos provenientes dessa área são, dentre outras coisas, muito indicativos, tendo em vista que o Mato Grosso do Sul hospeda a segunda comunidade indígena brasileira mais numerosa, precedida apenas da que vive no estado do Amazonas. Trata-se de 56 mil índios, em sua maior parte pertencentes à etnia guarani-caiowá, dispostos em oito reservas. A situação é preocupante, sobretudo nos arredores de Dourados e em localidades mais ao sul, próximas à fronteira com o Paraguai. Em Amambaí e Tacuru, o índice de mortalidade infantil supera, respectivamente, 96 e 94 por mil nascidos com vida.

A causa primeira do mal-estar indígena é a falta de terras para cultivar: em Dourados, por exemplo, 11 mil índios vivem em uma reserva de 3.500 hectares, ou seja, numa área que, segundo os atuais parâmetros do governo, permitiria o assentamento de apenas 200 pessoas.

Além disso, o alcoolismo acaba sendo uma causa concomitante de desnutrição e de mortalidade infantil. Mas na raiz dessa situação está a falta de terra, conseqüência de uma história de furto e de destruição em prejuízo dos tradicionais territórios e da política de confinamento. Outra praga menos visível, mas nem por isso menos preocupante, das muitas que flagelam os índios do Mato Grosso do Sul, é a elevadíssima taxa de suicídios na população mais jovem. Sem dúvida, não se trata de um problema recente, mas o que preocupa atualmente os especialistas é o aumento do fenômeno entre aqueles com menos de 20 anos. A taxa de suicídios está em contínuo crescimento desde os anos 1990, e até poucos meses atrás (antes do escândalo das mortes por desnutrição) devia-se exclusivamente a esse drama individual e coletivo o "mérito" de ter levado os índios de Dourados às honras da crônica nacional.

Até agora falamos principalmente de políticas econômicas e de livre mercado. Infelizmente, o aumento da bolha especulativa foi marcado por graves escândalos financeiros que não têm nada a ver com o advento das novas tecnologias, como a internet ou o e-commerce. Qual sua posição a respeito?

A qualidade e as competências dos conselhos de administração em controlar e administrar as empresas influencia de maneira determinante a capacidade de as organizações criarem tecnologias, inovação, valor e emprego.

Empresas saudáveis e bem administradas fazem nossa economia e sociedade florescerem. Infelizmente, as recentes falências da Enron, nos Estados Unidos, e da Parmalat, na Itália, sublinharam a necessidade de melhorar a *corporate governance* [governança corporativa] em nível global. Os mercados são globais e os capitais fluem de Estado para Estado, tornando cada vez mais necessárias regras de *corporate governance* globais.

A esse respeito, a OCSE* publicou uma série de linhas destinadas a melhorar as políticas de controle. Nesses textos, é sublinhada a necessidade de haver:

---

* OCSE (Organizzazione per la Cooperazione e lo Sviluppo Econômico) [Organização para a Cooperação e o Desenvolvimento Econômico]. Instituída em 1960 com a Convenção de Paris, reúne atualmente cerca de 30 países que estão entre os mais desenvolvidos do mundo, e tem como proposta a expansão e a melhoria do nível de vida dos países-membros, bem como a contribuição para a expansão do comércio mundial. (N.T.)

- um gerenciamento fiel aos interesses dos proprietários (acionistas);
- informações oportunas e completas sobre o andamento; econômico-financeiro da empresa;
- estruturas empresariais transparentes;
- conselhos de administração independentes.

Sem dúvida, além do sistema de regras e leis, o que realmente incide sobre as práticas empresariais é a cultura. As regras são importantes, mas quem é responsável para fazer com que elas sejam aplicadas? No caso Parmalat, tivemos alguns dos principais grupos bancários mundiais aparentemente coniventes, empresas de revisão contábeis internacionais que "fecharam os olhos", analistas financeiros superficiais, agências de *rating** que convalidaram as declarações dos bancos, um conselho de revisores "amigo", além de um conselho de administração que, durante anos, não fez outra coisa senão ratificar as decisões do *management*. Nesse contexto, os pequenos investidores também tiveram confiança excessiva em um sistema que se revelou deficitário em muitos níveis. Todo investidor deveria monitorar o "estado de saúde" das empresas em que investe.

Esperamos que a Parmalat, para que fique como exemplo concreto, se restabeleça e que os devedores recuperem parte

---

* Agências de *rating* são empresas responsáveis pela análise de riscos das instituições públicas ou privadas, atribuindo uma classificação (*rating*), que funciona como um indicador de riscos para os investidores. (N.T.)

do que perderam, mas o episódio é sintomático de um sistema que não só na Itália, mas em âmbito global, é deficitário do ponto de vista da cultura do mercado financeiro.

Nesse caso, torna-se crucial o papel dos conselhos de administração das sociedades cotadas em Bolsa. Os conselhos de administração, no caso da Itália, por exemplo, foram tradicionalmente instâncias obscuras e inacessíveis aos poupadores comuns. A conseqüência natural é que os bem-informados sempre liquidaram as participações acionárias alguns dias antes de anúncios importantes, enquanto os pequenos poupadores da Piazza Affari [Bolsa de Milão] geralmente pagaram com perdas financeiras a sua condição de subalternos em relação ao mundo da elite financeira. Já não está na hora de mudar a organização, o método e a cultura?

Desenvolver uma cultura no âmbito dos investidores financeiros é um processo lento e complexo. Os conselhos de administração deveriam ser compostos por profissionais independentes, com um conhecimento aprofundado:
- do setor em que a empresa opera;
- das práticas contábeis correntes;
- das atividades e tecnologias utilizadas pela empresa.

Além das competências, é necessário que os conselheiros sejam fiéis aos acionistas e não privilegiem apenas os majoritários. Em poucas palavras, deveriam ser independentes e desprovidos de conflitos de interesse. É preciso lembrar que, ao lado das regras e das competências essenciais para comandar uma empresa, é também necessário que a interação entre o *management* da empresa e o conselho de administração seja eficiente. O *management* deve tentar elaborar a agenda dos conselhos de modo a deixar espaço para discussão, fornecer informações oportunas e sintéticas, mas, ao mesmo tempo, completas. Verifica-se, muitas vezes, que grandes empresas cotadas têm pacotes de ações muito distribuídos e podem ser controladas com percentuais bem abaixo dos 51%. Em semelhante contexto, ainda não se desenvolveu uma cultura e um respeito pelos acionistas minoritários. Até hoje assistimos a conselhos de administração passivos, empenhados predominantemente em ratificar as decisões tomadas pela empresa ou pelo *management*. A despeito do fato de que as sociedades por ações são sujeitos jurídicos, os conselhos de administração muitas vezes identificam o fundador ou o acionista majoritário com a empresa. Sempre contou mais a "família" de controle do que cada um dos acionistas. A conseqüência disso é que o aporte dos conselhos de administração é meramente formal; o *management* é nomeado e quase sempre leva adiante os interesses do grupo de controle. No entanto, um mercado financeiro moderno e eficiente requer conselhos de administração que tutelem os interesses gerais da empresa, inclusive os dos pequenos poupadores/acionistas.

Em conclusão, eu diria que, para prevenir fraudes e especulações financeiras, não é necessário apenas definir um sistema de regras e de controladores, mas também é preciso desenvolver e difundir uma cultura da governança que inclua: colégio de revisores, conselho de administração, classe dirigente e, em última análise, também os investidores. O capitalismo — e desta vez me refiro ao capitalismo mundial — requer confiança. Os poupadores devem confiar suas economias a outros e, para isso, precisam ter a certeza de não serem enganados.

Mas confiança e responsabilidade são valores em que o capitalismo sempre se baseou. Qual é a novidade que alimenta ansiedades e preocupações?

São termos essenciais que já tinham um peso na sociedade industrial e que, diante da complexidade das dinâmicas da inovação, que hoje atinge até mesmo a engenharia financeira e fiscal, adquirem uma importância decisiva. A delicadeza dessa fase é confirmada pelo publicismo científico, que define exaustivamente a era que estamos vivendo com os termos *new economy, network economy, new world economy*. Para além dos rótulos, continua enorme a dificuldade de compreender as categorias impostas pelo novo ciclo econômico que se afirmou graças à revolução digital, trazida pela internet, pelas comunicações móveis, pela conectividade difusa. Em semelhante contexto, ser "produtor e consumidor" do capitalismo sem fechar-se no círculo de uma passividade resignada — valho-me mais uma vez de uma imagem de Bébéar — sem dúvida não é fácil, mas é preciso experimentar.

Maior transparência dos mecanismos de funcionamento das modernas democracias, equilíbrio diverso entre os poderes, clareza das responsabilidades e certeza das sanções são suficientes para recomeçar um "ciclo virtuoso" do capitalismo?

Democracia significa participar do processo de decisão de maneira consciente e deve levar em conta idéias e opiniões diferentes. O fortalecimento da nossa democracia é um processo que não tem fim. As Organizações Não-Governamentais (ONGs) desempenham um papel mais importante do que desempenhavam cinqüenta anos atrás, e a internet fez com que a sociedade civil se tornasse mais sólida.

Para participar do processo de decisão de modo consciente, os cidadãos devem estar informados. Há um direito fundamental à informação, mas infelizmente o sigilo sobre as coisas públicas aumentou. A bolha estourou, porém nos deixou uma herança, uma desigualdade sem precedentes e uma nova fileira de multimilionários. As sociedades, caracterizadas por profundas desigualdades, funcionam de maneira diversa das que são mais igualitárias, dentre outras coisas, porque o diferente poder econômico traduz-se, inevitavelmente, em um peso político diferente.

No início, eu falava de definições, e refiro-me a uma delas em particular, a *new world economy*, de Jean-François Richard,[3]

---

3   RICHARD, J. *Conto alla Reovescia, 20 Problemi Globali, 20 Anni per Risolverli*. Milano: Sperling & Kupfer, 2004.

vice-presidente do Banco Mundial para a Europa. Estamos diante de um conceito muito amplo em relação àquele mais em voga da *new economy*, uma vez que ele não subentende apenas a Internet como norteadora da mudança, mas inclui as forças propulsoras da revolução tecnológica e econômica que marcaram o advento da era pós-industrial. O debate atual versa sobre a busca de um equilíbrio entre a abordagem econômica, voltada para o mercado livre, e uma abordagem de tipo regulador, que tende a salvaguardar critérios de eqüidade e de justiça social. Não está em discussão o modelo capitalista, como demonstra um dado simples, mas significativo: nos últimos vinte anos, o número de pessoas que vivem em países com economias de mercado passou de um bilhão e meio para quase seis bilhões. Na economia das redes, é preciso buscar novos métodos para a solução dos problemas globais; é necessário pensar em autoridades que tenham estrutura reticular, não em hierarquias que traduzam, no campo do confronto democrático, a dimensão multifacetada de um universo feito de saberes, tecnologias e culturas. Quanto a esse aspecto, creio que assista razão a Gianluca Bocchi[4] e Mauro Ceruti, quando insistem sobre a necessidade de colocar em foco um processo educativo, a fim de construir uma "cidadania planetária", que pode ser a base de sustentação para um novo modelo de democracia.

O problema é que a globalização econômica foi mais veloz do que a política. Os Estados Unidos conseguiram difundir a

---

4   Bocchi, G.; Ceruti, M. *Op. Cit.*

idéia da democracia no mundo todo, mas democracia significa que ninguém, sozinho, pode decidir, porque apenas nas ditaduras o líder obtém sempre o que quer, ao passo que, nas democracias, cada um tenta convencer o outro da validade das próprias posições; geralmente, a liderança comporta um processo de formação do consenso e a capacidade de individuar formas de ação que constituam um compromisso aceitável entre pontos de vista e interesses contrastantes.

A conquista da liberdade e da democracia não reflete um processo linear. Há um caráter cíclico que nos fez cair constantemente no abismo do despotismo, nas trevas dos sistemas ditatoriais. Qual a sua opinião a respeito?

"O enigma está relacionado com as próprias modalidades de funcionamento político e econômico interno dos Estados-nação que, com o advento do totalitarismo, inclinam-se para a democracia e para o mercado, depois tendem à planificação estatal e, por derradeiro, por volta do final do século, parece quererem voltar decisivamente em direção à democracia e ao mercado." Jean Jacques Rosa, professor do Instituto de Ciências Políticas de Paris, em *Il Secondo XX Secolo. Declínio delle Gerarchie ed Avvenire delle Nazioni*[5] [O Segundo Século XX. Declínio das Hierarquias e Transformações das Nações],

---

5   Bari: Dédalo, 2002.

esclarece muito bem essa relação que deve intercorrer entre a política e a economia, lembrando que não estão em jogo apenas os interesses dos grandes grupos. Estão em risco os interesses das pessoas, dos cidadãos comuns que, por trás do impulso da globalização, vislumbram as oportunidades e também um potencial sufocamento dos direitos de liberdade, de autonomia e de igualdade. Creio que é preciso tentar refrear o conflito entre as razões que deveriam inspirar uma política aberta aos valores da democracia e do pluralismo, e a aplicação míope de um critério economicista extremamente rígido, que pode degenerar, como demonstra a crônica atual, em um embate de visões, de cultura, de idéias. Estamos diante de questões importantes sobre ética na política. Uma ética que, para moldar a vida pública, não pode cristalizar-se na observância de "princípios abstratos", mas deve caminhar com o homem, alinhando-se com o progresso da ciência e da tecnologia em um universo mutante, em que a própria estabilidade da ordem natural já está em discussão.

Bébéar faz uma lista detalhada de alguns fatores críticos, que define como "sabotadores" do capitalismo. Ele não corre o risco de alimentar uma visão muito pessimista?

O autor capta muitos pontos "quentes" do debate atual. Não se pode falar do papel dos revisores, dos analistas financeiros, das agências de *rating* sem ter uma grande compreensão dos mecanismos que movem as empresas modernas. O analista não é um profeta, ao passo que o *manager* deve ser capaz de avaliar as informações contidas nos relatórios, caso contrário, corre-se o risco de alimentar ilusões. Por outro lado, atemo-nos aos danos que a chamada "bolha especulativa" gerou, tanto em termos financeiros quanto industriais. Não vieram à tona apenas as contradições da *new economy*, mas também a falta de transparência desse modelo que gerou uma embriaguez tão fácil quanto superficial. As áreas de avaliação que precisam ser mencionadas dizem respeito aos tradicionais relatórios trimestrais, porém é necessária uma maior perspicácia para entender o futuro. E eis que ressurge o tema da inovação, que é a "mola" da qual partimos. O campo de avaliação não é apenas de caráter economicista, pois atualmente é preciso olhar a empresa considerando-se a qualidade dos homens, a cultura gerencial, as marcas, a força comunicativa, a capacidade de difundir e tornar o *brand* conhecido. É preciso uma visão estratégica para construir uma *corporate image* [imagem corporativa] clara e confiável, justamente porque os bens imateriais já representam a parte central da competitividade das empresas, ainda que sejam de difícil quantificação dentro da estrutura de balanço. Bébéar aventura-se a prospectar (as propostas interessantes que formula são diversas) uma reforma no setor das revisões contábeis. Sem considerar a questão técnica, que se desvia do âmbito da nossa conversa, é importante o apelo à responsabilidade de informar os acionistas sobre os fatores que determinam a qualidade da empresa no tocante à fluidez e à transparência dos procedimentos administrativos e comerciais, sobre os quais se baseiam os critérios de uma correta *corporate governance* [governança corporativa].

Democracia, mercado e regras

No universo de um capitalismo em transformação, o que ainda permanece do conceito de burguesia?

Sándor Márai, em *Confessioni di um Borghese*[6] [Confissões de um Burguês], e em *La Donna Giusta*[7] [A Mulher Certa], é o autor que melhor descreve a classe burguesa. Marx Weber, sociólogo alemão, Karl Marx, economista, filósofo e socialista alemão, e muitos outros nos deram uma descrição muitíssimo precisa a respeito do que consistia essa classe, mas a descrição de Márai é muito mais atual. Ele não descreve apenas os aspectos econômicos, mas também todos os aspectos estéticos, ou, como diríamos hoje, os intangíveis.

No romance *La Donna Giusta* [A Mulher Certa], em dado momento a protagonista nos oferece a seguinte descrição da burguesia:

> Mas estes meus patrões eram diferentes. Defendiam com unhas e dentes aquilo que criavam. E não o criavam apenas na fábrica,

---

6 Milano: Adelphi, 2003.
7 Milano: Adelphi, 2004.

mas também no café da manhã e no almoço. Criavam algo, que chamavam de educação, cultura, civilização, mesmo quando sorriam ou assoavam o nariz, com grande discrição... Pois o mais importante era conservar o que haviam criado com o trabalho e com as boas maneiras, com toda a existência deles. Sim, era mais importante conservar do que criar.

Era como se vivessem várias vidas ao mesmo tempo, a vida dos pais e a dos filhos. Como se não fossem seres vivos distintos uns dos outros, pessoas únicas e singulares, mas momentos de uma única longa vida, vivida não apenas por um indivíduo, mas pela família, a família burguesa.

Por esse motivo conservavam as fotografias, os retratos de grupo, com o mesmo cuidado excêntrico com que nos museus se conservam os preciosos retratos dos personagens ilustres das épocas passadas... A foto do noivado dos avós. Do casamento dos pais. O retrato de um tio falido, com sobrecasaca e chapéu. A imagem de uma tia com expressão triste, ou com ar alegre sob o chapeuzinho com véu e a sombrinha de passeio... E eles eram, todas essas pessoas juntas, uma espécie de personalidade única que se desenrolava lentamente no tempo: a família burguesa... Achava isso muito estranho. Para mim, a família era uma necessidade, um vínculo; para eles, era uma tarefa.

O conflito entre tradição e inovação que Márai evidencia permanece uma constante com a qual a classe média é sempre obrigada a se defrontar.

A ECONOMIA DO INTANGÍVEL

"Nos Estados Unidos, considera-se um jovem empresário aquele que construiu uma empresa em poucos anos. Em contrapartida, na Itália, é um jovem que a herdou. A associação patronal dos jovens empresários teve sete presidentes nos últimos vinte anos. A idade média das empresas de suas famílias é de setenta anos." Em recente artigo, o professor italiano Alessandro Penati[8] colocava nesses termos a questão da liderança. Mas quem são os capitalistas hoje?

Não é apenas uma característica de costume, mas o sinal de um dos problemas do nosso capitalismo: a síndrome do controle. O objetivo prioritário dos empresários parece ser a preservação do controle proprietário, que se torna um bem a ser valorizado, tutelado e transmitido de pai para filho.

Muitas empresas, não apenas as italianas, optam por não ter cotas na Bolsa. Portanto, como há dez anos, são apenas 217 as sociedades cotadas na Bolsa. Os empresários italianos investem principalmente nos setores em que as relações e a visibilidade valem mais: mídia, finanças, futebol. O objetivo deles é o de manter a dimensão da empresa abaixo daquela necessária para competir nos mercados internacionais. No fundo, existe um problema ainda maior que ultrapassa a crise que a classe burguesa está vivendo, pois diz respeito à necessidade de redefinir o perfil de um corpo social produtivo capaz de encarnar valores pelos quais se possa sustentar um modelo de relações

---

8   PENATI, A. "La Doppia Età del Capitalismo". In: Repubblica. 19 de setembro de 2004.

comunitárias, em vez da autonomia individual; a qualidade da vida, em vez da simples acumulação da riqueza; o desenvolvimento sustentável, em vez do crescimento ilimitado; a cooperação global, em vez do uso unilateral do poder.

A face brutal da **deregulation** *e da globalização recentemente tomou a dianteira da situação. Crises do trabalho, desemprego intelectual, desvalorização das competências e rebaixamento do profissionalismo. Como pôde acontecer tudo isso?*

Um exemplo da face brutal da globalização é descrito por Naomi Klein, em seu *Sem Logo*,[9] com o caso da Nike.

Para maximizar os lucros, a Nike deu em *outsourcing* [terceirização] a fabricação dos seus produtos para países do Terceiro Mundo, utilizando mão-de-obra infantil paga com salários abaixo do nível de vida. Isso levou ao fechamento dos estabelecimentos existentes nos Estados Unidos.

O projeto era feito em casa, a produção, no Oriente, e a venda, em todos os lugares do mundo. Os calçados produzidos com baixíssimos custos eram posteriormente revendidos a preços altíssimos.

Para tentar recuperar a própria imagem, desenvolvendo uma atenta *corporate social responsability* [responsabilidade social

---

9   KLEIN, N. *Op. Cit.*

corporativa], a Nike empenhou-se sucessivamente em controlar o modo como eram produzidos os calçados na Indonésia, e investiu em patrocínio e *marketing*.

Qual sua opinião sobre a análise de R. Reich[10] (ex-ministro do Trabalho no governo de Bill Clinton) sobre as mudanças ocorridas na economia mundial e suas conseqüências para as condições dos trabalhadores nas sociedades avançadas?

Concordo com a tese de Reich, que se baseia no argumento de que as antigas categorias com que se classificavam e retribuíam as atividades e os trabalhadores não são mais válidas em decorrência da internacionalização da economia e da revolução da informática.

Reich identifica três categorias de trabalhadores:

1) **Routine production services** — ou seja, os serviços de produção que não requerem qualificações específicas. Após a Revolução Industrial, durante um período de tempo bastante longo, essa foi a categoria mais numerosa de trabalhadores, mas atualmente está exposta a uma forte concorrência internacional que favorece o rebaixamento dos salários relativos às ocupações não qualificadas. Essa concorrência deve-se ao fato de que os países mais avançados introduzem, de forma

---

10 REICH, R. *Il Lavoro delle Nazioni*. Milano: Franco Angeli, 1995.

muito mais rápida, inovações técnicas que poupam o trabalho manual comum; recorrem com maior facilidade à força de trabalho dos imigrantes; além disso, por meio dos investimentos direcionados às suas empresas, concentram no exterior as produções que necessitam de quantidades relevantes de trabalho manual. "Em suma, nos países mais avançados, a tendência a um aumento dos ocupantes de posto de trabalho não manuais e a diminuição dos ocupantes de posto de trabalhos manuais — sobretudo indígenas — é muito mais perceptível."

2) *Interperson services* — categoria dos trabalhadores que atuam em atividades que requerem um contato pessoal, como garçons, caixas, enfermeiros, taxistas, cabeleireiros. Essa categoria está menos exposta à concorrência internacional, mas, por se tratar de ocupações não qualificadas, sofrem influência da pressão de todos os desempregados provenientes da primeira categoria.

3) *Symbolic Analistic services* — os trabalhadores desse grupo atuam no planejamento estratégico dos processos industriais, da pesquisa tecnológica e científica; no campo das biotecnologias militar e civil etc. e no projeto e elaboração do conhecimento e da informação. A revolução da informática permite acumular e trabalhar quantidades enormes de dados e de conhecimento a custos decrescentes, e aqueles que sabem utilizá-los detêm um grande poder de mercado.

Os analistas simbólicos são menos atingidos pela concorrência internacional dos países de industrialização recente, pois oferecem produtos que podem ter um mercado em nível planetário. Por conseqüência, conseguem superar os limites do Estado nacional a que estão vinculados e podem obter receitas inimagináveis até alguns anos atrás.

Quais são as implicações morais que um capitalismo cego impõe à sociedade?

Richard Sennett,[11] sociólogo americano, sustenta que:

> As nações vão à guerra para defender sua honra, as negociações sobre o trabalho fracassaram porque os sindicatos sentem-se tratados com pouca dignidade pelos industriais, os cortesãos de Luiz XIV consideravam de grande prestígio poder sentar-se num banco na presença do sobrinho do rei... Os bombeiros têm orgulho do seu trabalho de equipe, graças ao qual apagam incêndios, um pesquisador que descobre algo novo fica satisfeito com o seu trabalho. O 'respeito' mostra-se tão importante em nossa experiência com as relações sociais e com o Eu, que deveríamos tentar defini-lo melhor.

A sociedade tem três caminhos para moldar um caráter, levando o indivíduo a merecer respeito ou a não inspirá-lo em hipótese alguma. O primeiro modo se dá por intermédio do

---

11 SENNETT, R. *Rispetto*. Bologna: Il Mulino, 2004.

crescimento pessoal, sobretudo desenvolvendo habilidades e competências. A pessoa de grande inteligência que desperdiça seu talento não inspira respeito, diferentemente de uma menos dotada que desfruta profundamente das suas capacidades. O desenvolvimento pessoal torna-se uma fonte de estima social, uma vez que a sociedade condena o desperdício, ao passo que premia o uso eficiente dos recursos tanto no campo da experiência pessoal quanto no da economia.

O segundo modo consiste em cuidar de si mesmo. No mundo antigo, cuidar de si mesmo significava aprender a equilibrar os prazeres e os sofrimentos do corpo. Para Santo Agostinho, somente o homem que aprendia a confessar o próprio pecado a Deus podia dizer que cuidava de si mesmo. Maquiavel pensava que cuidar de si fosse sinônimo de proteção a si próprio, incutindo à força temor ou respeito. Cuidar de si mesmo também pode significar não se tornar um ônus para os outros: sendo assim, o adulto necessitado incorre na vergonha e a pessoa auto-suficiente merece respeito. Esse modo de adquirir respeito deriva do ódio que a sociedade moderna nutre pelo parasitismo; a sociedade não gosta da dissipação de energias, e menos ainda deseja — racionalmente ou não — ser molestada por solicitações injustificadas.

O terceiro modo de merecer respeito é dar aos outros. Essa é talvez a fonte mais universal, profunda e atemporal com que uma pessoa pode alcançar estima. Quando assistimos a uma execução musical, podemos aplaudir com fervor e render homenagem ao talento e à habilidade; o príncipe de Maquiavel pode garantir para si a homenagem da submissão, mas nem o virtuoso nem o tirano tocam o sentimento alheio como aquele que dá à comunidade. Tampouco a auto-suficiência garante uma estima desse tipo; em última análise, a pessoa auto-suficiente não é de grande ajuda para os outros, no sentido de que pode não garantir a reciprocidade e nem precisa necessariamente dos outros. A troca é o princípio social que anima o caráter de quem contribui com a comunidade.

A análise de Sennett mostra algo muito importante do nosso ponto de vista: é paradoxal que uma sociedade em que o capital intelectual assume um valor fundamental esteja retrocedendo às fases de um protocapitalismo com traços selvagens, brutais, desumanos.

Então, o sistema econômico acabou por esquecer a dignidade do homem?

Como diz Gregory Bateson,[12] se considerarmos uma cultura em que o respeito a si próprio esteja condicionado à obtenção de um sucesso superior àquele obtido por seus pais e acrescentarmos a esse modelo o fato de que apenas um determinado índice quantitativo de sucesso esteja disponível, de

---

12　BATESON, G. *Op cit.*

modo que, se A consegue o sucesso, B é privado dele, então se obtém um quadro que não pode senão reduzir a dignidade humana de maneira total.

A avaliação que os americanos fazem do sucesso aumenta o respeito recíproco enquanto as circunstâncias históricas permitirem que se vejam dentro de uma fronteira em perpétua expansão. Mas com a extinção das fronteiras físicas e a ferida da depressão econômica, ganhou espaço a noção contrária, ou seja, de que a quantidade de sucesso à disposição é limitada e a dignidade diminui.

Naturalmente, não é necessário que a fronteira seja física, o essencial é que a tarefa a ser desenvolvida seja infinita. A respeito da Segunda Guerra Mundial, Bateson nos diz que: "Pode ocorrer que essa guerra e a sucessiva reconstrução forneçam espaço suficiente para essa expansão psicológica".

Se pensarmos nos dias de hoje, nada parece mais atual do que essa última afirmação.

Com relação ao capitalismo atual, qual deve ser o papel da cultura, dos intelectuais?

Dizíamos no início desta entrevista que no meu trabalho de formador sempre procurei fazer com que as portas da empresa se abrissem à inovação e às culturas externas. A "viagem das idéias" que estamos concluindo foi também uma viagem ao interior das organizações em que, com a ajuda de muitos especialistas internacionais, procurou-se dar um papel o mais ativo possível para as culturas externas. Às considerações feitas a respeito do capital intelectual, eu acrescentaria que o peso daquele que produz cultura pode desempenhar um papel importante, inclusive dentro dos ciclos produtivos. A inovação precisa de trocas contínuas, de confrontos, portanto, a cultura pode ter influência, peso, incidência no desenvolvimento do capitalismo e na capacidade de competir.

Dito isso, gostaria de lembrar o ensaio de Alexandre Kojève, *Il silenzio della Tirannide*[13] [O Silêncio da Tirania], segundo o qual "O conflito do filósofo posto diante do tirano não é diferente daquele do intelectual na presença da ação ou, mais precisamente, da veleidade, ou melhor, da necessidade de agir. Para Hegel, esse conflito é a única tragédia autêntica existente no mundo cristão ou burguês: a tragédia de Hamlet e de Fausto. É um conflito trágico porque não tem saída, é um problema sem solução. Diante da possibilidade de agir politicamente sem renunciar à filosofia, o filósofo abandona a ação política".

Creio que esse é o risco da nossa época, em que a incidência da cultura sobre as transformações políticas e sociais muitas vezes foi excessivamente frágil.

---

13 Milano: Adelphi, 2004.

O senhor acredita num papel ativo dos intelectuais na sociedade, inclusive destinado a ser um estímulo para a construção de uma sociedade melhor?

Sem dúvida, e a esse respeito gostaria de citar Jeremy Rifkin, que no seu *O Sonho Europeu*[14] sublinha que a cultura européia irá indicar o caminho em direção à nova era. "Enquanto o 'espírito americano' olha fatigado para o passado, nasce um Sonho Europeu, mais adequado a acompanhar a humanidade na próxima etapa do seu percurso: um sonho que promete levar o homem em direção a uma consciência global, à altura de uma sociedade cada vez mais interconexa e globalizada."

O sonho americano tornou-se obsoleto, ligado à exigência de satisfazer as necessidades primárias dos primeiros colonos provenientes do Velho Mundo.

Rifkin nos diz:

> O Sonho Europeu põe mais ênfase nas relações comunitárias do que na autonomia individual; na diversidade cultural mais do que na assimilação; na qualidade de vida mais do que na acumulação de riqueza; no desenvolvimento sustentável mais do que no crescimento material ilimitado; no 'jogo profundo' mais do que na fadiga incessante; nos direitos humanos universais e

---

14 São Paulo: M. Books, 2005.

naturais mais do que nos direitos de propriedade; na cooperação global mais do que no exercício unilateral do poder.

O Sonho Europeu representa um esforço para a criação de um novo esquema histórico de referência, que liberte o indivíduo do velho jogo da ideologia ocidental e, ao mesmo tempo, deixe como legado à humanidade uma nova história compartilhada, feita de direitos humanos universais e de direitos intrínsecos da natureza: aquilo que chamaremos de consciência global. Em suma, o Sonho Europeu é a tentativa de criar uma nova história.

O novo Sonho Europeu é poderoso, porque dá atenção a aspectos como a qualidade de vida, a sustentabilidade, a paz e a harmonia. Na nova visão do futuro, a evolução pessoal torna-se mais importante do que a acumulação individual de riqueza.

A tônica se desloca do ter bens materiais para o viver uma vida espiritualmente plena.

O nascente Sonho Europeu representa as mais altas aspirações da humanidade por um futuro melhor.

No curso da nossa viagem, inclusive à luz do que dissemos, na sua opinião, quais seriam as políticas destinadas a equilibrar a eficiência do mercado com uma sociedade igualitária?

A justiça social é obtida por meio da redução do determinismo social que faz com que os filhos dos ricos tenham acesso à instrução de nível superior e, por meio dela, a trabalhos bem remunerados e socialmente reconhecidos.

Oportunidades iguais significa que o país deve utilizar melhor os recursos humanos à sua disposição, fazendo com que todos desfrutem plenamente do próprio potencial. Um outro instrumento de inclusão social é a possibilidade de ter um trabalho estável.

Na maioria dos países que pertencem à OCSE, as taxas de desemprego têm níveis superiores a 10%, com áreas como o *Mezzogiorno* italiano ou a Espanha, que alcançam os 30%. Mas a solução não pode chegar simplesmente a partir de uma maior "flexibilidade do mercado de trabalho", que já se tornou quase uma fórmula em código que significa salários mais baixos e menor segurança do trabalho.

A União Européia deveria reafirmar o seu empenho para o pleno emprego, para oferecer um posto àquele que queira trabalhar, adotando medidas como o desenvolvimento da instrução e a realização de programas de formação que facilitem a mobilidade no mercado de trabalho e, em nível nacional, aconselhando políticas macroeconômicas em defesa do pleno emprego.

Um dos desafios mais difíceis que a Europa terá de enfrentar, além das relações com os países em desenvolvimento e com os industrializados, é o das normas e da padronização.

Será necessário, sobretudo, alinhar as políticas macroeconômicas em países com sistemas econômicos profundamente diferentes, como a Grã-Bretanha e a Bulgária, e, ao fazer isso, será preciso ter em mente a experiência americana dos anos

1990, para não repetir o erro de difundir e implementar as próprias políticas econômicas em contextos diferentes.

Com base em tudo que argumentamos até aqui, que futuro se espera para o sistema capitalista?

Em seu livro, Bébéar responde a uma pergunta semelhante: "o capitalismo é imortal. Será que renasceu das próprias cinzas após sessenta anos de comunismo na Europa central?" E continua, afirmando: "se a confiança não for restaurada e os protagonistas da economia de mercado não retornarem ao princípio da responsabilidade e a uma ética essencial, então haverá realmente com o que se preocupar. Temos a escolha entre uma passividade resignada, que condenaria o sistema a fracassar e, em seguida, a ressurgir, talvez sob outros despojos – em todo caso após muitos sofrimentos inúteis –, e a ação que permitiria ao capitalismo adaptar-se aos novos tempos e, assim, escapar ao ataque dos inimigos que vivem no seu interior...". Não estou certo sobre a imortalidade do capitalismo, mas sem dúvida compartilho com o apelo do autor à confiança e à ética para criar algum tipo de comunidade. E é sobre esse conceito que gostaria de me deter. As comunidades começaram a existir no passado pré-histórico, quando nossos antepassados formavam grupos com o objetivo de caçar e, mais tarde, para se dedicar à agricultura.[15] As comu-

---

15 ROGERS, C. *Um Modo di Essere*. Florenza: Giunti Editore, 1993.

nidades dos índios americanos dispõem de modelos baseados em uma filosofia e num ritual de que poderemos atualmente extrair benefício. As primeiras comunidades da nossa civilização formaram-se nas proximidades dos rios ou dos portos, de modo que o comércio mantinha os cidadãos unidos. Isso tudo deu o primeiro impulso ao desenvolvimento do capitalismo. Como recordamos, Rifkin[16] sustenta que primeiro vêm a cultura e a confiança, depois se desenvolvem as relações mercantis. Não sei se o capitalismo continuará a ser, no futuro, a forma ou o sistema econômico predominante, mas certamente no futuro as pessoas exigirão participar, cada vez mais, das decisões que influenciam suas vidas, dos programas políticos, das operações governativas e das organizações industriais. Essas organizações tornar-se-ão provavelmente menores, ao passo que as grandes burocracias ruirão, possibilitando dessa forma escolhas participativas cada vez mais numerosas. A organização tenderá a se tornar a "nossa" organização, em que "nós" tomamos as decisões, não a organização "deles". Com base na crise atual, embora permanecendo numa forma capitalista de sistema, as pessoas irão rever, de maneira automática, o mecanismo da delegação, com o objetivo de intervir pessoalmente nas escolhas das quais depende o nosso futuro. Já é possível perceber esses sinais na situação atual.

Como diz o dramaturgo e poeta irlandês Oscar Wilde,[17] "O verdadeiro mistério do mundo é o visível, não o invisível".

---

16 RIFKIN, J. *Entropia*. Milano: Baldini Castoldi Dalai, 2004.
17 WILDE, O. *Aforism mai Scritti*. Viterbo: Stampa Alternativa Nuovi Equilibri, 2001.

Leituras recomendadas

As páginas a seguir reúnem textos destinados àqueles que tiverem interesse em aprofundar os assuntos ligados ao mundo da inovação. Para facilitar a leitura, eles foram agrupados de acordo com os capítulos do livro.

A lista mencionada não deve ser considerada definitiva, e peço desculpas por eventuais omissões. Os ensaios indicados representam apenas um ponto de partida.

Os paradigmas da inovação

CHRISTENSEN, C. *O Dilema da Inovação*. São Paulo: Makron Books, 2001.

O autor explica por que os *managers* não são capazes de captar as oportunidades oferecidas pelas inovações que surgem: estão excessivamente focados no *core business* e nos clientes mais lucrativos. Christensen sustenta que é muito difícil para as empresas gerenciar o desenvolvimento de tecnologias que não estão alinhadas com as estratégias que se revelaram vencedoras no passado. Esse é o dilema do inovador: perpetuar o modelo do *business* atual ou abandoná-lo para perseguir outro que esteja surgindo?

Os países emergentes no horizonte global

KLEIN, N. *Sem Logo: a Tirania das Marcas em um Planeta Vendido*. Rio de Janeiro: Record, 2002.

O *brand* é tudo e muito mais. Após décadas perseguindo imagens e falsas necessidades (e verdadeiros rótulos), as gerações atuais estão adquirindo uma nova consciência: a vida é feita de substância, não apenas de aparência. Por trás do *business* das "marcas" e das "grifes" se esconde uma sociedade ocidental que não hesita em aplicar ao Terceiro Mundo políticas de exploração econômica e individual, dignas de um capitalismo do século XIX.

Com este livro, Naomi Klein reúne, explica e analisa as razões da nova contestação, fornecendo, ao mesmo tempo, um relato detalhado das contradições da nova economia global. Suas reflexões nascem a partir da observação direta das condições de trabalho em países como Filipinas e Indonésia — lugares em que, na última década, muitas multinacionais instalaram seus estabelecimentos de produção — para denunciar a total ausência de direitos em que vivem centenas de milhares de trabalhadores.

O trabalho da autora canadense desenvolve um exame longo e pontual das práticas e das motivações que estão por trás dos novos movimentos políticos. Um ativismo que se mobiliza principalmente contra os "símbolos", revelando que a natureza deles é menos inócua do que poderia parecer, tendo em vista que, para toda marca que faz uma bela propaganda de si nas iluminadas *megastores* das metrópoles, existem, entrincheiradas freqüentemente em localidades desconhecidas, lugares de produção onde o trabalho infantil é explorado.

RIFKIN, J. *A Era do Acesso*. São Paulo: Makron Books, 2000.

O autor analisa as estruturas organizativas da economia das redes e os mecanismos da informação característicos do século XXI, evidenciando os riscos e as oportunidades que se projetam para o desenvolvimento da sociedade e para a emancipação do homem. De um lado, o poder dos "novos tiranos" do progresso, os maiores e importantes *providers* internacionais, destinados a gerir o acesso a toda atividade e a controlar a vida de cada um de nós em uma sociedade em que cresce a diferença entre quem está conectado e quem não está; do outro lado, a possibilidade de uma maior difusão do conhecimento, da democracia e do bem-estar, e a libertação da escravidão do trabalho.

REICH, R. *O Trabalho das Nações*. São Paulo: Educator, 1994.

A globalização em curso muda o papel do Estado, da empresa e do trabalho. Quase todos os fatores da produção

— capitais, tecnologias e equipamentos — atravessam com grande facilidade as fronteiras nacionais; do ponto de vista geográfico, o único aspecto relativamente imóvel é a força de trabalho. É esse o eixo central, segundo Reich, para uma revisitação do conceito de "riqueza das nações": o verdadeiro desafio econômico que todos os países com capitalismo avançado terão de enfrentar nos próximos anos consiste no aumento do valor que os seus cidadãos podem agregar à economia global. Para isso, será necessário desenvolver as capacidades e o profissionalismo dos indivíduos, melhorando, ao mesmo tempo, as infra-estruturas de comunicação. O século XXI será caracterizado por um mercado de trabalho sem limites geográficos.

A economia do intangível

RAJAN, Raghuram G.; ZINGALES, L. *Salvando o Capitalismo dos Capitalistas*. Rio de Janeiro: Campus, 2004.

A partir das posições da "escola de economia de Chicago" e com uma defesa erudita do sistema do livre mercado, os dois autores mediam o debate entre isolacionistas conservadores e os *no global*. Sustentam que apenas os mercados que funcionam por si mesmos e o não-protecionismo podem criar um ambiente que dê suporte e estímulo à competição, à inovação e ao crescimento econômico. Lançam-se contra toda tentativa governista de manter empresas falidas com subsídios ou impostos sobre a concorrência internacional. Um ensaio que explica por que o livre mercado é crucial, por que os mercados não são estáveis e também por que estão em perigo justamente aqueles que deveriam ser os seus maiores defensores: os banqueiros.

As propostas de Zingales e Rajan apóiam-se em quatro pilares: "Em primeiro lugar, (...) é importante que a propriedade não esteja concentrada nas mãos de poucos (...). Em segundo, é essencial dispor de uma rede de proteção para os desfavorecidos (...). Em terceiro, é possível limitar o espaço de manobra política, mantendo as fronteiras abertas. (...) Por fim, o público deve se conscientizar dos benefícios que podem ser obtidos a partir dos mercados e sobre as desvantagens de políticas anti-concorrenciais aparentemente inócuas".

RIFKIN, J. *O Sonho Europeu*. São Paulo: M. Books, 2005.

O chamado "sonho americano" vai terminando lentamente e uma nova visão do mundo e do futuro da humanidade está se impondo à inteligência e à imaginação dos homens ocidentais: o "sonho europeu". Segundo Jeremy Rifkin, a Europa tornou-se um gigantesco laboratório em que se experimentam novas formas de vida social que são o reflexo oposto da imagem do obsoleto modelo americano: desenvolvimento sustentável em vez de crescimento econômico descontrolado; diversidade multicultural em lugar de *melting pot* de raças e culturas diversas; busca da cooperação e do consenso em política em lugar do unilateralismo sustentado por uma potência militar ultrapassada.

Referências bibliográficas

BADIE, B. *La Fine dei Territori. Saggio sul disordine internazionale e sulla utilità sociale del rispetto.* Trieste: Asterios, 1996.

_____. *Un Mondo Senza Sovranità. Gli Stati Tra Astuzia e Responsabilità.* Trieste: Asterios, 2000.

BATESON, G. *Una Sacra Unità. Altri Passi Verso un'Ecologia della Mente.* Milano: Adelphi, 1997.

BÉBÉAR, C.; MANIÈRE P. *Uccideranno il Capitalismo.* Torino: Bompiani, 2004.

BELL, D. *The Cultural Contradictions of Capitalism.* New York: Harper Collins Publishers, 1996.

BOCCHI, G.; CERUTI, M. *Educazione e Globalizzazione.* Milano: Cortina Raffaello, 2004.

BORGES, J. *L'Aleph.* Milano: Feltrinelli, 2003.

BRAUDEL, F. *I Tempi della Storia. Economia, Società, Civilità.* Bari: Dedalo, 2001.

BURMAN, E. *Internet Nuovo Leviatano. Verso il Futuro Paradigma di Pensiero e di Business.* Milano: Etas, 2002.

CALVINO, I. *Se una Notte d'Inverno un Viaggiatore.* Milano: Mondadori, 2000.

CAMRASS, R.; FARNCOMBE, M. *The Atomic Corporation.* Roma: Fazi Editore, 2002.

CASSE, P.; CLAUDEL, P. *La filosofia in Azione. Perché i leader agiscono come agiscono e provano quel che provano.* Milano: Franco Angeli, 2000.

CAVALLI SFORZA, L. *L'Evoluzione della Cultura. Proposte concrete per studi futuri.* Torino: Codice, 2004.

CÉLINE, L. F. *Viaggio al Termine della Notte.* Milano: Corbaccio, 2003.

CHATWIN, B. *Che ci Faccio Qui?* Milano: Adelphi, 1990.

CHRISTENSEN, C. *Il Dilemma dell'Iinnovatore. Le nuove tecnologie possono estromettere dal mercato le grandi aziende e assicurare il successo alle imprese agili e intraprendenti.* Milano: Franco Angeli, 2001.

CHRISTENSEN, C.; RAYNOR, M. *The Innovators Solution.* Boston: HBS Press, 2003.

DA EMPOLI, G. *La Guerra del Talento.* Venezia: Marsilio, 2000.

DAVENPORT, T.; PRUSAK, L. *Working Knowledge.* Boston: HBS Press, 1998.

DAVIS, S. *Lezioni dal Futuro.* Milano: Franco Angeli, 2002.

DAVIS, S.; MEYER, C. *Future Perfect.* Boston: Perseus Press, 1997.

_____. *Blur.* Milano: Ed. Olivares, 1999.
_____. *Il Futuro della Ricchezza.* Milano: Franco Angeli, 2000.
_____. *It's Alive.* New York: Ed. Crown Business, 2003.
DE KERCKHOVE, D. *Architettura dell'Intelligenza.* Torino: Testo & Immagine, 2001.
DE MASI, D. *Il Futuro del Lavoro.* Milano: Rizzoli, 2003.
_____. *La Fantasia e la Concretezza. Creatività Individuale e di Gruppo.* Milano: Rizzoli, 2003.
DEAGLIO, M.; MONATERI, P.; CAFFARENA, A. *La Globalizzazione Dimezzata.* Milano: Guerini Associati, 2004.
DIAMOND, J. *Armi, Acciaio e Malattie. Breve storia del mondo negli ultimi tredicimila anni.* Torino: Einaudi, 2000.
DRUCKER, P. *Le Sfide del Management del XXI Secolo.* Milano: Franco Angeli, 1999.
DUMONT, A. *Innovare Nei Servizi. Dall'evidente all'impossibile seguendo le lezioni dei leader.* Milano: Franco Angeli, 2002.
EINSTEIN, A. *Il Significato della Relatività.* Torino: Newton & Compton, 1997.
FARSON, R. *Il Management per Paradossi. Modelli di leadership per il XXI secolo.* Milano: Franco Angeli, 1998.
FARSON, R.; KEYES, R. *Vince Chi Fa Più Errori. Il paradosso dell'innovazione.* Milano: Franco Angeli, 2003.
FITOUSSI, J. *La Democrazia e il Mercato.* Milano: Feltrinelli, 2004.
FLORIDA, R. *L'Ascesa della Nuova Classe Creativa. Stile di vita, valori e professioni.* Milano: Mondadori, 2003.
FOA, V. *Questo Novecento.* Torino: Einaudi, 1996.
GALIMBERTI, U. *Psiché e Techné. L'uomo nell'età della tecnica.* Milano: Feltrinelli, 2002.
_____. *Il Gioco delle Opinioni.* Milano: Feltrinelli, 2004.
_____. *La Lampada di Psiché.* Bellinzona: Casagrande, 2004.
GALLINO, L. *La Scomparsa dell'Italia Industriale.* Torino: Einaudi, 2003.
GEOFFREY, A.; MOORE, P. "Darwin and Demon, Innovating within Established Enterprises". *Harvard Business Review,* Jul.-Ago. 2004.
GIANNETTI, E. *Felicidade.* São Paulo: Companhia das Letras, 2002.
GIDDENS, A. *La Terza Via.* Bologna: Il Saggiatore, 2001.
GOOLD, M.; CAMPBELL, A. *Designing Effective Organizations.* San Francisco: Jossey-Bass, 2002.
GORDON, T. *Leader Efficaci. Essere una guida responsabile favorendo la partecipazione.* Molfetta: La Meridiana, 1999.
GUERCI, C. *Alle Origini del Successo. I campioni della media impresa industriale italiana.* Milano: Il Sole 24 Ore Media & Impresa, 1998.
HAECKEL, S. *Adaptive Enterprise, Creating and Leading the Sense-and Respond Organizations.* Boston: HBS Press, 1999.
HAGEL, J. *Net Gain.* Boston: HBS Press, 1997.
HAGEL, J.; SINGER, M. *Net Worth.* Boston: HBS Press, 1999.
HILLMAN, J. *Il Potere. Come Usarlo con Intelligenza.* Milano: Rizzoli, 2003.

HUSSERL, E. *La Storia della Filosofia e la Sua Finalità*. Roma: Città Nuova, 2004.
KAUFFMAN, S. *A Casa nell'Universo*. Roma: Editori Riuniti, 2001.
KELLY, K. *Out of Control*. New York: Perseus Publishing, 1994.
_____. *Nuove Regole per un Nuovo Mondo*. Milano: Tea, 2002.
KLEIN, N. *No Logo. Economia globale e nuova contestazione*. Milano: Baldini Castoldi Dalai, 2002.
KOJÈVE, A. *Il Silenzio della Tirannide*. Milano: Adelphi, 2004.
KUHN, T. *La Struttura delle Rivoluzioni Scientifiche*. Torino: Einaudi, 1999.
_____. *Dogma contro Critica. Mondi possibili nella storia della scienza*. Milano: Cortina Raffaello, 2000.
KUMAR, K. *Le Nuove Teorie del Mondo Contemporaneo. Dalla società post-industriale alla società post-moderna*. Torino: Einaudi, 2000.
KUNDERA, M. *Il Libro del Riso e dell'Oblio*. Milano: Adelphi, 1998.
LÉVY, P. *Il Virtuale*. Milano: Cortina Raffaello, 1997.
_____. *Le Tecnologie dell'Intelligenza. Il futuro del pensiero nell'era informatica*. Verona: Ombre Corte, 2000.
_____. *L'Intelligenza Collettiva. Per una antropologia del cyberspazio*. Milano: Feltrinelli, 2002.
LOW, J.; COHEN, K. *Il Vantaggio Invisibile. Perché sono gli asset intangibili a guidare la performance delle imprese*. Milano: Franco Angeli, 2003.
MEYER, C. *An Introduction to Complexity. Embracing Complexity: exploring the application of complex adaptive systems to business*. A summary of the 1996 colloquium on the business application of complexity science, July 17-19, 1996. The Ernst & Young Center for Business Innovation.
MUCCHETTI, M. *Licenziare i Padroni?* Milano: Feltrinelli, 2003.
NADER, A. D. "Building Better Boards". *Harvard Business Review*, v. 82, Iss.5, maio de 2004.
NAISBITT, J., *Il Paradosso Globale. Più cresce l'economia mondiale, più i piccoli diventano protagonisti*. Milano: Franco Angeli, 1996.
NEGROPONTE, N. *Essere Digitali*. Milano: Sperling & Kupfer, 2004.
NIETZSCHE, F. *Così Parlò Zarathustra*. Milano: Rizzoli, 2003.
NONAKA, I. "Un'organizzazione capace di creare conoscenza". *In:* BALDININI, E.; MORONI, F.; ROTONDI, M. (Org.). *Nuovi Alfabet*. Milano: Franco Angeli, 1995.
NOZICK, R. *Invarianze. La struttura del Mondo Oggettivo*. Roma: Fazi Editore, 2003.
PANZARANI, R. "New Economy e Capitale Umano". *In: Ingenium*, 27 de julho de 2000.
_____. (Org.). *Gestione e Sviluppo del Capitale Umano*. Milano: Franco Angeli, 2004.
PASOLINI, P. *Passione e Ideologia. La poesia dialettale e popolare, la letteratura italiana del Novecento, un laboratorio critico e filologico*. Milano: Garzanti, 1994.
PENATI, A. "La doppia età del Capitalismo". *In: Repubblica*, 19 de setembro de 2004.
PETZINGER, T. *I Nuovi Pionieri*. Milano: Franco Angeli, 2001.
Piluso, G. *Il Banchiere dimezzato*. Venezia: Marsilio, 2004.
PINE, J. *L'Economia delle Esperienze. Oltre il servizio*. Milano: Etas, 2000.

LEITURAS RECOMENDADAS

POPPER, K. *Il Mito della Cornice. Difesa della razionalità e della scienza.* Bologna: Il Mulino, 2004.
PRIGOGINE, I. *La Fine delle Certezze. Il tempo, il caos e le leggi della natura.* Torino: Bollati Boringhieri, 1997.
_____. *Le Leggi Del Caos.* Bari: Laterza, 2003.
RAJAN RAGHURAM, G., ZINGALES, L. *Salvare il Capitalismo dai Capitalisti.* Torino: Einaudi, 2004.
REICH, R. *Il Lavoro delle Nazioni.* Milano: Franco Angeli, 1995.
RICHARD, J. *Conto alla Rovescia, 20 Problemi Globali, 20 Anni per Risolverli.* Milano: Sperling & Kupfer, 2004.
RICHLER, M. *Solomon Gursky è Stato Qui.* Milano: Adelphi, 2003.
RIFKIN, J. *L'Era dell'Accesso. La rivoluzione della new economy.* Milano: Mondadori, 2001.
_____. *La Fine del Lavoro, Il Declino della Forza Lavoro Globale e l'Avvento dell'Era Post-Mercato.* Milano: Mondadori, 2002.
_____. *Entropia.* Milano: Baldini Castoldi Dalai, 2004.
_____. *Il Sogno Europeo.* Milano: Mondadori, 2004.
ROGERS, C. *Un Modo di Essere.* Firenze: Giunti Editore, 1993.
RORTY, R. *Verità e Progresso. Scritti filosofici.* Milano: Feltrinelli, 2003.
ROSA, J. *Il Secondo XX Secolo. Declino delle gerarchie ed avvenire delle nazioni.* Bari: Dedalo, 2002.
SÁNDOR, M. *Confessioni di un Borghese.* Milano: Adelphi, 2003.
_____. *La Donna Giusta.* Milano: Adelphi, 2004.
SEN, A. *La Democrazia Degli Altri. Perché la libertà non è un' invenzione dell' Occidente.* Milano: Mondadori, 2004.
SENGE, P. M. *La Quinta Disciplina.* Milano: Sperling & Kupfer, 1992.
SENNETT, R. *Rispetto.* Bologna: Il Mulino, 2004.
SEVERINO, E. *Dall' Islam a Prometeo.* Milano: Rizzoli, 2003.
_____. *Tecnica e Architettura.* Milano: Cortina Raffaello, 2003.
SILVESTRI, G.; PAGLIARO, M. *La New Economy è Morta. O Forse No.* Ticonzero, n. 37, 2003.
STIGLITZ, J. *I Ruggenti Anni Novanta.* Torino: Einaudi, 2004.
STREBEL, P. The Case for Contingent Governance, *MIT Sloan Management Review.* Cambridge, v. 45, Iss. 2, inverno de 2004.
TOFFLER, A. *L'Azienda Flessibile.* Milano: Sperling & Kupfer, 1990.
TOURAINE, A. *Libertà, Uguaglianza, Diversità.* Milano: Il Saggiatore, 2002.
VARIAN HAL, R. *Analisi Microeconomica.* Venezia: Libreria Editrice Cafoscarina, 2003.
WEBER, M. *L'Etica Protestante e lo Spirito del Capitalismo.* Milano: Rizzoli, 1991.
WILDE, O. *Aforismi Mai Scritti.* Viterbo: Stampa Alternativa Nuovi Equilibri, 2001.
WITHERELL, B. Corporate Governance, Stronger Principles for a Better Market Integrity. *OECD Observer,* n. 243, Maio de 2004.

Contatos com o autor

Site: www.robertopanzarani.it
e-mail: r.panzarani@robertopanzarani.it